溝邊和成 編著

授業をもっと面白くする！

小学校理科の雑談ネタ40

5・6年

明治図書

はじめに

皆さんは，“雑談”という言葉から，どんなことが思い浮かぶでしょうか？

古くは，「ゾウタン」や「ゾウダン」と読まれていたそうですが，類義語として浮かんでくるのは，世間話（せけんばなし）や四方山話（よもやまばなし）といったところでしょうか。雑言（ぞうごん）となると，悪口や言いがかりのニュアンスが否めないですが，「雑」と「談」の成り立ちから想像すると，「取り留めのない」「益体（やくたい）も無い」話をあれこれ集めながらも，相手を巻き込み，楽しさを分かち合える共感の要素が含まれていたり，「前置き」「箸休め」といった本題を際立たせる効果もあったりするようです。

しかし，それだけでしょうか？

私はそうは思いません。「蘊蓄（うんちく）」という言葉が入ってこなければ，この意味を語ったことにならないように思います。

「蘊蓄」は，いわゆる深く追究して身につけた知識を表す言葉ですが，“雑談”の中に「雑学」とも称される内容，すなわち「蘊蓄」があってこそ，興味がわいたり，ともに気持ちが昂ったりするのではないでしょうか。…だから，いつも面白いのではないでしょうか。

そして，身の回りの事物・事象・現象について，深くこだわりのある味わいを感じたり，幅広い観点から捉えた本物感を受け取ったりするため，私たちの心に残り，飽くなき探究世界へと導いてくれるような感じがします。

さてさて，本書“雑談”の中身はというと，やはり「雑駁」に集めております。

もちろん，最新版の学習指導要領に則り，小学校理科として扱われる内容に関連したものであることは間違いないのですが，そこから広がる方向性や深まる程度は，それぞれのテーマや題材に対する意識づけによって変化しています。

本書では，各タイトルがそれを表しています。すなわち，「?!（問い）」形式としているタイトルは，子どもたちの日常生活の「ある，ある」疑問を表した形にし，なかなかすぐに解決しそうにないけれども，その理由が知りたい，その意味がわかりたい，でも今までわかるチャンスがなかったといったモヤモヤな気持ちを端的に表したと言えます。しかも，それに続く回答となる説明は，時には図や写真を活用したり，クイズ形式を用いたりしながら，確かな回答を求める皆さんが，なるほどと納得いくところまで，丁寧に著されています。

専門家レベルまで詳述されていることも随所に見られます。また，解説・説明だけにとどまらず，「～してみてはどうでしょう？」「こうしてみるのも面白そうですね」などとさらなる探究の方向性を示してくれている場合もあります。

こうした味つけ，記述展開の工夫は，本書にかかわってくださった筆者たちの実践知としての「学び・教えの勘どころ」とともに，「発達の最近接領域」(L. S. Vygotsky）などの心理学理論を踏まえておられたからだと思います（そのためでしょうか，私自身もついつい読み耽ってしまいました。しかも，時間の余裕があるなしにかかわらず)。

こういう特徴だとわかれば，もう，話は簡単ですね。この“雑談”は，理科授業の内容のみにとどまらず，それらを「芯（Core)」としたリンゴのように，芯を取り巻く実（他教科など）の部分を育て熟す効果も期待できるでしょう。

さあ，読み始めてください。一つひとつの事柄と一文字一文字の表現をたどってみてください。どのページもきっと“感動の物語”となって心に残ることでしょう。それは，紛れもなく，読者の皆さんのそれまで培ってこられた学校教育の幅広い教科知識や児童理解の知識と本書の内容が化学反応を起こした結果と言えます。どちらも必須アイテムであったことに気づく瞬間でもあるでしょう。ぜひ，そんな快体験を味わってみてください。

「百聞は一読（？）にしかず」です。

では，読書後に，またお会いしましょう。

編著者　溝邊　和成

Contents

5年　生命・地球

■ 動物の誕生

5年　生命・地球

■ 流れる水の働きと土地の変化

5年　生命・地球

■ 天気の変化

6年　物質・エネルギー

■ 燃焼の仕組み

6年　生命・地球

生物と環境

6年　生命・地球

土地のつくりと変化

6年　生命・地球

月と太陽

同じ「食塩」でも味が全然違う?!

どんな場面で使える？

食塩から水を蒸発させて食塩の結晶を取り出す実験の授業で使えます。食塩の結晶を詳しく見てみると，形の違うものが見つけられます。

塩はどのようにしてつくられる？

私たちの身近にある「塩」は，どのようにしてできているのでしょうか？

塩の原料としては，岩塩や海水・塩湖の湖水があります。工業用として使われる塩は，岩塩を採掘してそのままか，溶かして使います。「食塩」として使われる塩は，岩塩を加熱して溶解した後，再結晶化させます。海水・塩湖の湖水は，天日製塩（太陽熱と風で濃縮させます）が行われ，食塩となります。

日本では，岩塩層や塩湖がほとんど存在しません。そこで，古くから，海水を使って塩をつくってきました。また，降水量が多く塩田で塩を結晶化させることができないため，海水を蒸発させて濃縮した塩水をとり，これを釜で煮つめた後，析出させる方法で50年ぐらい前までは塩をつくってきました。皆さんが実験で塩を析出させた方法に似ていますね。

今では，天候に左右されず，広大な塩田ではなく工場で品質の良い塩が生産できています。

海水塩と岩塩は何が違うの？

岩塩は山から取り出したものですが，海水に含まれる塩と同じものでしょうか？

陸地の成り立ちを思い出してみましょう。地球は，大昔はほとんど海でできていました。岩塩も海水や湖水からできた塩も，元はすべて海水からできています。岩塩は，地殻変動により，海底が隆起するなどして海水が閉じこめられてできたものなのです。だから，岩塩も海水や湖水からできた塩も元々は同じなのです。

店頭に並ぶ塩には，様々な種類があります。色のついた塩まであります。おすすめの表示として，「ほんのり甘い」「まろやかな味わい」や「お水に溶けやすい」「熱や水にも溶けやすい」「ミネラルたっぷり」「歯ごたえがある」などと，様々な魅力で引きつけてくれます。

同じ塩なのに，なぜこのように多くの種類の塩が見られるのでしょうか？

塩の味を決めるもの

大もとである海水の中には，地球上にある元素のすべてが含まれていると言われています。

最近では，塩の成分表示に「ミネラル」という言葉は使用していません。塩の主成分は，塩化ナトリウムで，そのナトリウムは，代表的ミネラルだからです。商品パッケージに，下記のような表示を見たこともあるかと思います（表内数値：正確ではなく，適当に示しています）。

栄養成分表示100ｇ当たりエネルギー たんぱく質，脂質，炭水化物　0 ナトリウム　38ｇ　マグネシウム　280mg カルシウム　180mg　カリウム150mg
塩化ナトリウム　95ｇ

この表でもわかるように，一般に人の体に必要なミネラルの代表として，ナトリウムの他に，マグネシウム，カルシウム，カリウムがあり，それが示されています。

各ミネラルによる味の違いは，次のように言われます。

ナトリウム＝しょっぱさ
マグネシウム＝苦みやコク
カルシウム＝相対的に甘みを演出
カリウム＝酸味

※食の達人コラム（引用・参考文献）より

したがって，各ミネラルの含有量によって，味が変化していくということがわかります。

もう１つ，塩の味に影響するとされるのが，形と粒の大きさです。塩の結晶は，基本的にはサイコロ状（正六面体）です。しかし，条件の変化によって，トレミー状（ピラミッド型），フレーク状（薄い板状）の他，球状，柱状，樹枝状などが見られます。トレミー状やフレーク状は，サクサク感が感じられます。また，結晶の形が変わっていれば見た目も楽しませてくれます。その印象から味わいも変わるようです。

塩の活用

塩がしょっぱいのは当然ですが，使い方によっては，面白い効果が見られます。例えば，スイカに塩。甘さをより際立たせる方法です。ぜんざいに塩という方もいるでしょう。また，酸味・苦味の強いコーヒーなどに少し塩を入れてまろやかさを演出する方法があります。

さらに食材によって塩の選択が異なりますね。ステーキの肉に合わせる塩と野菜一般に使用される塩に違いがあります。鶏肉や白身魚，ごはんなどにもいろいろな塩の活用があるようです。ぜひ調べて（味わって）みましょう。

〈引用・参考文献〉

・コトバンク「製塩」
https://kotobank.jp/word/ 製塩 -85519
・公益財団法人塩事業センター　塩百科「塩のつくり方」
https://www.shiojigyo.com/siohyakka/made/
・食用塩公正取引協議会　お塩のお役立ち WEB「お塩の表示ルールが３ステップでよくわかる！」
http://www.salt-fair.jp/helpful/step2.html
・食の達人コラム「魅惑のソルトワールド（2）塩は形で味変わる？球状，板状，ピラミッド型結晶も」
https://style.nikkei.com/article/DGXZZO17622490T10C17A6000000/
・塩百科「結晶の形」
https://www.shiojigyo.com/siohyakka/about/data/shape.html

（松田　雅代）

「ろ過」を行わない日はない ?!

どんな場面で使える？

「ろ過」は理科室に限らず日々あちらこちらで行われています。「ろ過」という視点から，学習内容と日常生活とのつながりを実感させる授業で使えます。

キッチンでの「ろ過」

皆さんは昨日，家で「ろ過」をしましたか？

家で「ろ過」をよくする場所は，おそらくキッチンではないかと思います。

では，キッチンにある「ろ過器」をいくつ挙げることができますか？

キッチンにある「ろ過器」を紹介しましょう。排水溝のごみ受け，網しゃくし，浄水蛇口，茶こし，ティーパック，コーヒーフィルター，ざる，三角コーナー，水切りかご，油こし器など…。また，やかんの内側を観察すると，注ぎ口に茶こしが内蔵されているものがあります。これらの器具は，すべて「ろ過器」です。

キッチンは「ろ過器」にあふれており，「ろ過」を行わない日はないと言えるでしょう。つまり，「ろ過」は日常生活に非常に関連が強いのです。

ろ過とは…

では，そもそも「ろ過」とはどういう意味なのでしょうか？ 「ろ過」の意味を確認します。

○液体をこして混じり物をのぞくこと（大辞林第三版）
○液体や気体を多孔質の物質に通して固体粒を取り除くこと（大辞泉第二版）
○浮遊した固体（粒子）と流体との混合物を，濾材と称する隔壁を通すことによって大部分の流体を通過させ（濾液），固体を濾滓（ろさい）として濾材上に分離する操作（化学辞典第２版）

小学校の授業では，よく，食塩水やミョウバン水溶液の溶け残りを「ろ過」して固体を取り除くことを行います。その際に，ろうと・ろ紙・ろうと台が登場します。

「ろ過＝ろうと・ろ紙・ろうと台を使う操作」と思い込んではいませんか？ いえいえ，「ろ過」は身近にある道具で簡単にできる操作です。

「ろ過器」発見の旅をしよう

「ろ過」を理解したところで，学校で使う道具，家庭で使う道具，お店や仕事場など地域で使われている道具の順に，道具探し（事例収集活動）を行い，道具事典としてまとめてみましょう。

例えば，学校で見られる「ろ過器」として，手洗い場の排水溝のごみ受け，スポンジラックがあります。家庭科室には，キッチン同様，水切りかごや，ざる，三角コーナーがあります。

また，金魚などの魚を池や水槽で飼育し，「ろ過装置」を設置しているというクラスも多いのではないでしょうか？「ろ過装置」を掃除する際，「ろ過」がどのようにして行われているか，装置の仕組みを考えてみましょう。

お店で見られる「ろ過器」として，「てぼ」「ジャーレン」「天ぷらバット」などが挙げられます。

「てぼ」とは，ラーメンやうどん，スパゲティなど，麺類の湯切りに使われる道具です。

「ジャーレン」は，中華料理店でよく見かけることができ，鉄製で，片手の中華鍋の底一面に小さな穴をたくさん開けたような形をしています。中華料理で，油通しや湯通しをした食材を鍋からすくい上げるときに用いる穴の開いた杓子で，食材の形を崩さずにすくうことができます。

揚げものを提供している店では，「天ぷらバット」以外にも「すくい油切り」「とんかつ網」もあるでしょう。

事例を収集すればするほど，より理解を深めることができるでしょう。

昔からある便利な「ろ過器」を探そう

「目ざる」「びく」など，昔からある便利な道具を発見することも考えられます。

算数科の問題で「みかんをざるに４個ずつ置きました。…」など，たまに「ざる」が登場する場面があります。ざるの中でも，編み目の粗いざるを「目ざる」といいます。「笊（ざる）」とよく似た道具に「籠（かご）」や「篩（ふるい）」があります。

これらには，厳密な区別がありませんが，水切りなどの目的で一時的に食材を乗せる用途のものを「ざる」，保存の目的で一定期間内容物を入れておくものを「かご」，粉状の固体混合物から特定の粉状の固体を選別する際に用いるものを「ふるい」と呼ぶことが多いです。液体をこして混じりものをのぞくという，ろ過の意味から考えると，「ざる」は「ろ過器」であると言えるでしょう。

「びく」とは，魚釣りなどで捕った魚を入れておく，竹・網でつくったかごのことです。国語科で教材として扱われることが多い，新美南吉の「ごんぎつね」で登場します。

このように「ろ過」に着目して，教科の枠を超えた学習を進めるのも面白いですね。

〈引用・参考文献〉

・松村明『大辞林第三版』三省堂，2006
・松村明『大辞泉第二版』小学館，2012
・吉村壽次『化学事典第２版』森北出版，2009
・新美南吉「ごんぎつね」帝国教育会出版部，1943

（岩本　哲也）

牛乳も墨汁もコロイド溶液?!

どんな場面で使える？

水溶液について学習を行います。そのときに，身の回りにはたくさんのコロイド溶液があることを紹介することができます。

水溶液とは？

食塩を水に入れると粒が見えなくなり，液が透き通って見えるようになります。そして，物の形が見えなくなり，液全体に広がります。このことを「物が水に溶ける」と言います。「物が水に溶けた液」のことを「水溶液」と言います。

泥と水を混ぜたものが泥水ですが，時間が経つと底に泥がたまってしまいます。したがって，物が水に溶けた液，すなわち水溶液とは言えません。

水溶液とコロイド溶液の違いって？

水溶液の仲間にコロイド溶液があります。では，コロイド溶液とは何でしょう？

聞いたことがないかもしれませんが，実は身の回りにはコロイド溶液と言われるものがたくさんあります。

では，ここでクイズです。コロイド溶液のものはどれでしょう？

①牛乳

②コーヒー

③墨汁

正解は，①②③全部です。実はコロイド溶液と言われるものは，水溶液と違って不透明であるということです。色がついていても透明なら水溶液ですが，不透明ならコロイド溶液なのです。

次に，溶けているものの大きさが違います。水溶液の場合は，0.0000001cm～0.00000001cmの大きさの粒が溶けています。

では，コロイド溶液の溶けている粒の大きさは次のうちどれでしょう？

①0.1cm～0.01cm

②0.001cm～0.0001cm

③0.00001cm～0.00000001cm

正解は，③です。水溶液よりわずかに大きいですね。コロイド溶液はコロイド分散系という言い方もあります。

あとは，コロイド溶液の特徴として，「チンダル現象」というものがあります。

ここで，またまたクイズです。チンダル現象というのは，どのような現象でしょうか？

①液自体が沈んで（沈：チン），だる（ダル）い感じになる。

②光を当てると，チンと当たったように見えることを，ダール博士が見つけた。

③光を当てると，光の通り道が光って見える。

正解は③です。水溶液よりも溶けている粒の大きさがわずかに大きいので，起こる現象です。

コロイドの種類

コロイドには，３つの種類があります。水になじみやすい親水コロイド，水になじみにくい疎水コロイド，疎水コロイドの表面に親水コロイドがくっついた保護コロイドです。次のような物が当てはまります。

親水コロイド…せっけん，寒天など

疎水コロイド…金，硫黄（いおう）など

保護コロイド…墨汁に入っている膠（にかわ），マヨネーズの中の卵黄など

身近なコロイド溶液はどんなものがあるの？

身近なコロイド溶液には，次のようなものがあります。

牛乳，コーヒー，コーラ，オレンジジュース。

マヨネーズ，チーズ，ヨーグルト，豆腐。

インク，ペンキ，化粧品などです。

自然の中にもあります。それは，煙や霧，雲などです。このように，コロイドと呼ばれるものは，数多く身近に存在しています。

コロイド溶液と言っても，その中には，流動性をもった「ゾル」や固体になった「ゲル」というものがあります。ゾル状のものとして，ポタージュスープ，ヨーグルトが挙げられます。

ゲルでは，乾燥剤に使われている「シリカゲル」が有名です。これは，ゲル状のものから水分を抜くことで，空気中の湿度と結びつこうとする性質をもつようになることを生かしています。紙おむつもその応用例として挙げられます。驚きですね。

このように，身の回りにはコロイド溶液と呼ばれるものがたくさんあります。皆さんも身の回りのコロイド溶液を探してみてください。

〈参考文献〉

・三丸機械工業　公式ブログ「コロイド溶液とはどんなもの？　性質や特徴をご紹介します！」
https://sanmaru-m.co.jp/blog/2015/12/18/123

（平川　晃基）

勝手に動く振り子がある？!

どんな場面で使える？

振り子の原理を使って様々な不思議な現象が起こりますが，すべて振り子の原理で説明がつきます。そのとても興味深い現象を伝える際に使えます。

共振振り子

振り子は，振り子の長さにより，固有の振動数（振り子が１秒間に往復する回数）をもっています。これを「固有振動数」といいます。つまり，その振り子に合った，固有の振動を与えると振動し始めます。しかし，違った振動を与えても，動き出すことはありません。

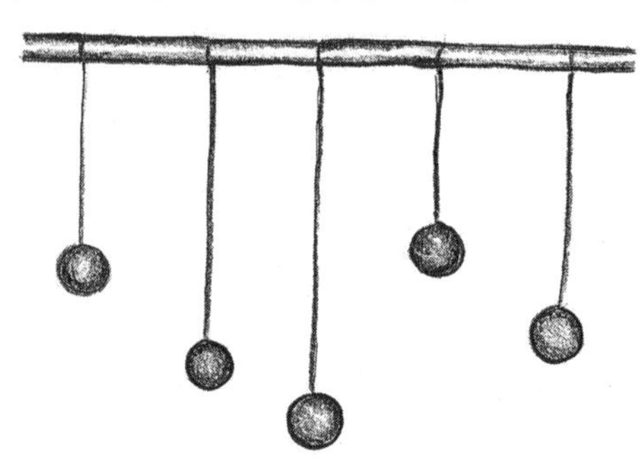

振り子はそれぞれ固有の振動数をもつ

例えば，１本の棒にいくつかの振り子が吊り下がっているとします。その振り子の中に同じ振り子の長さのものが２つあったとします。一方の振り子だけを動かすと，片方の振り子も動き出します。他の振り子は動かないままです。これが「共振振り子」です。面白い現象ですね。

自分が動かしたい振り子だけを動かす

１本の棒に，長さの違う３つの振り子を吊り下げます。その中の振り子を１つだけ動かすことができます。棒に振動を与え，いずれかの振り子の固有の振動数に合えば，その振り子だけが振動し始めます。振り子の原理がわかると単純なことですが，手品としても使える現象です。

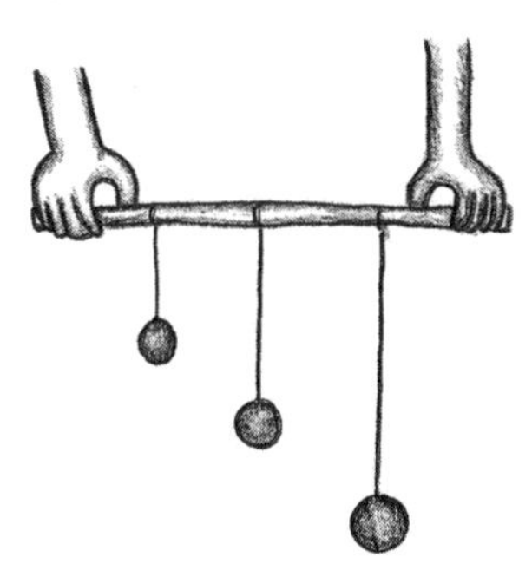

３本の振り子

美しい振り子の動き

長さの異なる振り子を，順に並べて多数吊り下げます。その振り子を，同時に振動させ始めさせると，どんな現象が起こるでしょうか？　振り子は，振り子の長さによって，

1往復する時間が異なります。そのため，無数に並べた振り子の動きが，少しずつ異なります。結果，波のような形に見えてきます。とても，美しい現象です。

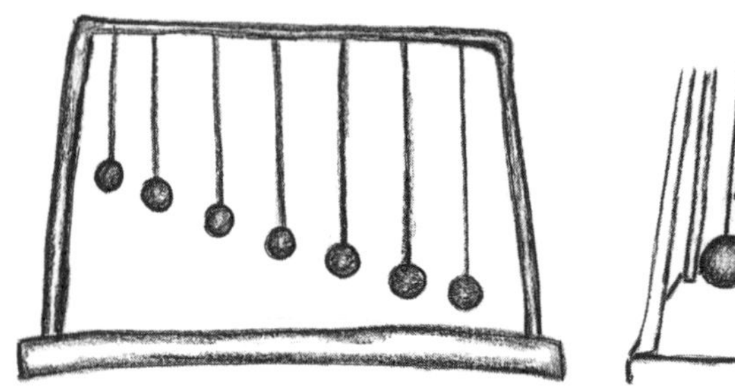
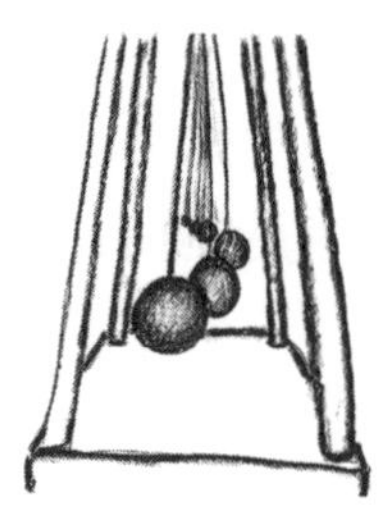

多数吊り下げた振り子

ニュートンのゆりかご

複数個の金属球が直線上に並べられています。端の1つの金属球を衝突させると，反対側の端の振り子が1つだけ跳ね上がります。「カチカチカチ…」と心地よい音を立てながら，繰り返されていきます。

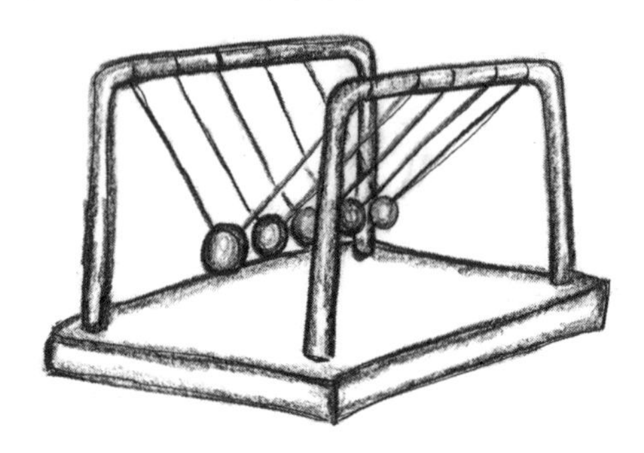

ニュートンのゆりかご（インテリアなどにも利用される）

美しい模様を描く振り子

単振り子では，方向に関係なく一定の往復運動をするだけです。しかし，Ｙ字形をした複振り子を斜め45°の角度で振らせると，振り子の先は規則性のある曲線を描きながら動いていきます。振り子の先から，粉が出るような仕組みにし，紙の上で振ると，綺麗な模様が描かれていきます。この曲線は「リサージュ曲線」と呼ばれています。とても美しい模様です。

生活の中での振り子

生活の中でも，振り子はあらゆるところで見られます。代表的な物としては，振り子時計やメトロノームが挙げられます。他にも，遊園地の遊具や１本ブランコなどもあります。すべて，振り子の原理に基づいて動いています。

生活の中から，振り子の原理が使われたものを見つけ出していくことも，興味深いものです。

〈参考文献〉

・京都市青少年科学センター「共振ふりこ」
http://www.edu.city.kyoto.jp/science/online/labo/25/index.html
・自由研究と科学工作のサイト「振り子実験 Advanced 1：リサージュ図形」「振り子実験 Advanced 2：ペンデュラム・ウェーブ – 調整編」
http://www.jiyuken.dicis.net/pendulum/pendulumissajous.html
http://www.jiyuken.dicis.net/pendulum/pendulumwaveadjustment.html
・サイエンストイ by スターキッズ「運動量保存の法則ってこれか⁉『バランスボール』（衝突球）で学ぶ」
https://www.sciencetoys.jp/products/detail.php?product_id=12

（田中　一磨）

振り子のきまりのない振り子がある?!

どんな場面で使える?

振り子には「単振り子」だけでなく,「二重振り子」や「倒立振子(とうりつしんし)」など,様々な種類があります。振り子のきまりの学習後に使用できます。

振り子とは

振り子は,英語で“pendulum”といいます。小学校理科では,支点からおもりを吊るし,振れ幅を取って手を離すと,揺れを繰り返す物体として扱われています。支点での摩擦や空気抵抗,糸の伸縮などがまったくない環境では永久に揺れ続けるとされています。

近代科学の父ガリレオ・ガリレイは,19歳の医学生だったある日,ピサの大聖堂の天井から吊り下げられたシャンデリアが,ゆっくりと左右に揺れているのを見つめていました。自分の脈拍を時計代わりにして,1往復にかかる時間を計ると,シャンデリアの揺れの幅が広くても狭くても,行き来する時間が変わらないことを発見しました。これを,「振り子の等時性」といいます。その後,オランダのクリスティアーン・ホイヘンスによって,1656年頃「振り子時計」が初めて製作されました。童謡『大きな古時計』『オオカミと七匹の子ヤギ』でも振り子時計は登場しており，みんなも実際の生活場面で見ることはなくとも身近なものとして知っているのではないでしょうか？

ガリレオによる振り子の等時性の発見後，振り子のきまりを利用した時計の製作が各地で行われましたが，誤差は大きかったようです。振れ幅が大きすぎると，支点での摩擦や空気抵抗などで誤差が生じてしまいます。そのことに気がついたホイヘンスは，振り子の支点に板をつけ，振れ幅を少なくする仕組みを考えました。誤差１日約１分となる振り子時計を完成させたのです。

いろいろな振り子の運動

振り子時計やメトロノームに使われている振り子は「単振り子」といいます。単振り子とは，５年生の理科で学習する振り子のきまりが存在する振り子です。「振り子の長さ，おもりの重さ，振れ幅」の３つの条件を制御しながら，「振り子の長さによって，振り子の周期が変わる」というきまりを見つけていきます。

他にも「フーコーの振り子」は，フランスのレオン・フーコーが地球の自転を実証するために用いた非常に長い単振り子です。海をテーマにしたアミューズメントパークや科学館などにも展示されています。

単振り子は，振り子のきまりに基づいて動くことが知られていますが，振り子には様々な種類があります。例えば，

「二重振り子」です。単振り子の先端にもう１つ単振り子がついた構造になっています。この二重振り子は，単振り子とは違い，予定にはない様々な動きをします。そのことを「カオス理論」といいます。カオス理論は自然のきまりに基づかない複雑で怪奇なもので，“chaos”は英語で「混沌」のことを表します。意味不明に見える動きは，実はランダムではないのですが，その後どのような動きをするのか予測することは困難です。最初の状態がほんの少しでも違うと，その後の動きがまったく異なってしまうということなのです。このことを「バタフライ効果」といいますが，わずかな誤差がまったく違う未来を生み出してしまうと想像するとちょっと驚きですね。

倒れない振り子，倒立振子

列車がカーブを通過するとき，遠心力によって脱線しないために，車体そのものを傾けさせて，安定したスピードで走ることのできる「振り子車両」があります。振り子は実生活の中で，様々に形を変えて応用されています。

倒立振子は文字通り，振り子を逆立ちさせたものです。とはいえ，糸とおもりでできている振り子の逆立ちではなく，「手のひらの上に立てた棒」がこれに当たります。この棒は手をうまく動かすことによって，立ち続けます。

倒立振子が倒れないようにすることを「倒立振子の制御」といいます。人が棒を立てようとするとき，棒を乗せた手のひらを動かしてバランスを制御しますが，手のひら代わりに台車のモーターをうまく動かして，制御した工業製品の開発が進められています。

この製品には，複数のセンサーが組み込まれています。「加速度センサー」は，１秒における速度変化（加速度）を測定するセンサーです。「ジャイロセンサー（角速度センサー)」は，基準軸（x，y，z 軸）に対して１秒間に角度が何度変化しているかを検知するセンサーです。センサーから得られたデータに基づき，倒立振子が倒れないように台車の車輪のモーターの動きをバランスよく制御しているのです。

例えば，Honda が開発する「UNI-CUB」という乗り物があります。これは，ASIMO のような人間型ロボットの研究から生まれた制御技術を活かした一人乗り用の乗り物です。椅子のように座って乗車します。まっすぐに座っているときは停止していますが，進みたい方向に体を傾けるとセンサーが反応して，倒立振子が倒れないように台車が働き，前後左右，斜めにも進むことができます。私たちがこうした乗り物を当たり前のように利用している未来も，そう遠くはないのかもしれません。

〈参考文献〉

・HONDA「UNI-CUB」https://www.honda.co.jp/UNI-CUB/
・ムロタニ・ツネ象『まんが発明発見の科学史　科学偉人伝』くもん出版，1997

（宮澤　　尚）

身の回りは電磁石であふれている?!

どんな場面で使える?

電磁石を構成するコイルや鉄芯はモーターとして日常の様々な場面で使われています。電磁石の仕組みは日常生活になくてはならないものだと感じることができます。

電磁石の仕組み

電磁石の簡単な仕組みは，鉄芯にコイルを巻いて，電流を流し，磁界が発生するものです。らせん状に導線を巻いてコイルにすることで，巻いた分だけ磁界が強くなります。巻き方や巻く回数によって磁界の強さは変わります。そして，コイルの中に鉄芯を入れることで，鉄芯が磁化されて磁石の働きをするのです。

電流を流したときだけ，強い磁力を発生させることができ，電流が流れなければ磁力はほぼなくなるので，電流の調整により磁力を操れるところが永久磁石と大きく異なります。そして，永久磁石に比べて，大きな磁力を得ることができるのも特徴です。また，電流の向きを反対にすることで，磁極を反対にすることができます。

身の回りのものを動かす力としての電磁石

電磁石は身の回りにあふれています。その形は，小学校の授業で扱うようなコイルと鉄芯で磁石になる形のものでは，大型にして鉄製品を持ち上げて運搬したり，様々な部材が混在しているものの中から鉄製品を選別したりするときに使われます。それ以外に，モーターとして活躍している場面が多いです。

皆さんが授業で扱うモーターは，回転の動きをしているので，扇風機や洗濯機，車のおもちゃなどはイメージしやすいと思います。その他には，回転の動きを，歯車やピストンを使って別の動きにしているものも多くあります。いくつか例を挙げてみましょう。

電気で走る車は，充電した電気を使ってモーターを回転させ，そのモーターの回転の力をタイヤに伝えることで走ることができます。ガソリンを使ったエンジン車と比べるとモーター車は音が静かという特長があります。エンジンは，燃料に点火して爆発したエネルギーを，ピストンを使って回転運動に変換しています。モーターは，電気エネルギーを電磁石の働きを使って直接回転に変換できるので，静かにできます。

エレベーターは，人が乗っているかごの部分につながれたワイヤーをモーターで巻き取ったり動かしたりすることで上下の運動をして，ものを動かすことができます。ビルなどでよく見られるものには，かごと人を合わせた重量につり合うようなおもりをワイヤーの反対側につけておくことで，モーターで動かす力を減らして省電力になるような工夫がしてあります。速さは分速30～60mのものが一般的ですが，2020年現在，日本最速のエレベーターは横浜ランドマークタワーにある分速750mです。世界最速のエレベーターは中国・広州市のビルにある分速1260mのものです。高さ530m，地上111階の超高層ビルの中に設置してあり，日本メーカーの製品です。

エスカレーターは，エレベーターに比べ一度にたくさんの人を運ぶことに使われます。モーターの動きをステップにつながったチェーンに伝えて，上や下へ動かしたりしています。設置角度は30°のものが一般的です。モーターの回転数を変えることで，エスカレーターの動く速さを変更することができます。速さは分速30mのものが一般的です。踏段の速さに合わせて，手すりも同じ速さで動くことによって，乗っている人の安全性を確保しています。

夢の乗り物　リニアモーターカー

2027年東京―名古屋間を40分で結ぶ開業を目指しているリニア中央新幹線では，電磁石の仕組みを応用した技術を用いたリニアモーターカーが使用されます。

これには「超電導」という技術が使われています。超電導とは，ある種類の金属を一定温度まで冷やすと，電気抵抗がなくなる状態のことを指します。この超電導状態になったコイルに電気を流すと，抵抗がないために電気は永久に流れ続けて，強力な磁石の超電導磁石になります。

超電導磁石を取りつけた車体がレールの代わりになるガイドウェイを高速で通り過ぎるときに，ガイドウェイのコイルに電気を流します。ガイドウェイと超電導磁石との間で発生する磁石の引き合う力で車体を上向きに引っ張ると同時に，反発する力で下から押し上げます。このようにして車体を10cm浮上させます。進むときは同様に，ガイドウェイにあるコイルに高速でタイミングよく磁界を発生させることにより，車体を前方に引きつけたり，後方から反発させたりすることで前に進ませます。

1962年から開発が始まり，実に50年以上も研究を重ねた時速500kmの夢の乗り物がもうすぐ完成します。

ほとんどの大人が持っているスマートフォンの中にも，バイブレーションを起こすための小型モーターや，音を出すためのスピーカー，声を拾うためのマイクに電磁石は使われています。ジェットコースターのブレーキも摩擦力を使うのではなく，強力な電磁石の引き合う力を使って，スピードを落とすものもあります。まだまだ，身近なものにたくさん使われています。

〈参考文献〉

・東洋経済 ONLINE「エレベーターはどうやって昇降しているのか」
https://toyokeizai.net/articles/-/216320
・エレベーターメンテナンスナビ
http://www.elevator-navi.com/
・中部電力「電気こどもシリーズ」
http://www.chuden.co.jp/kids/denkipaper/index.html

（古池　秀行）

世界最強の電磁石が20年ぶりに更新された？!

どんな場面で使える？

実験をすると，子どもはより強い電磁石をつくりたいという思いをもちます。世界ではどんな強い磁石があるのか，どんな場面で使われているのかを知るきっかけとなります。

電磁石の発見

導線に電流を流すと，その周りには磁界が発生します。1820年デンマークのハンス・クリスティアン・エルステッドは，導線に電流を流す実験をしていた際に，方位磁針がわずかに動くのを見つけ，電流が磁場を形成することを発見しました。

エルステッドに触発され，同年，フランスのフランソワ・アラゴが電流による鉄の磁化を発見。アンドレ＝マリ・アンペールも，アンペールの法則を発表しました。その後も，イギリスのウィリアム・スタージャンのソレノイドによる発見（1823年）なども加わり，マイケル・ファラデーの電磁誘導（1831年）といった発展につながっていきました。アンペールもファラデーも，この時代の人だったんだね。

このように1820年代の科学者らによって，「電磁石」は生まれたと考えることができます。

改めて電磁石とは，磁性材料の芯の周りに，コイルを巻き，通電することによって一時的に磁力を発生させる磁石のことです。電磁石には，通電を止めると磁力がほぼなくなること，同じサイズの永久磁石より強い磁力を発生させることができること，電流の向きを変えると電磁石の極を入れ替えることができるなどの特徴があります。

電磁石が使われる実際の場面では，門扉の開閉などでマグネットスイッチが使われていたり，機器のモーターの中には電磁石が使われていたりします。その他，複雑で高度なものとしてリニアモーターカーや医療用機器のMRIにも電磁石が使われています。

磁力を強くするには

電磁石の強さは，電流の大きさとコイルの巻数，鉄心の太さが関係しています。単純に言えば電流を大きくするか巻数を増やすか鉄心を太くすると，電磁石は強くなります。しかし，実際には巻数を増やすにも，鉄心を太くするにも限界があります。また，電流を大きくすると発熱量が増えるため，コイルが焼けてしまうことがあります。

発熱量を抑えるためには太い銅線を使うとよいのですが，太い分，今度は巻数を増やすことが難しくなってしまいます。強力な電磁石をつくるには，銅線の太さや巻数，巻き方などの絶妙なバランスが求められます。ちなみに，先のリニアモーターカーやMRIには，電気抵抗がなく発熱の問題もない超伝導体を使用し，通常の電磁石よりも強力な超電導磁石が使われています。

一般に「強い磁石」と言うと強い吸着力の磁石を指しますが，研究の場合には高い磁束密度をもつ磁石を指すようです。

強力な磁石の開発

医学や薬学，粒子加速器，核融合装置など，多くの分野で強い磁場が必要とされています。科学や産業の世界において，強力な磁石は重要な役割を果たしています。

2013年６月アメリカのCNNで「直径15メートルの巨大電磁石，５千キロの大輸送」というニュースが報道されました。アメリカ・エネルギー省の科学実験に使われていた直径約15m，重さ約15ｔの電磁石がニューヨークからシカゴまで，船とトラックで輸送されたそうです。海上と陸上の距離を合わせると約5,000㎞。日本列島が約3,000㎞と言われていますから，それよりも長い距離です。しかも，この巨大な電磁石は非常に壊れやすく，部品のコイルを２～３㎜曲げただけで精度が下がってしまうということでした。トラックは時速約８㎞で進み，交通の妨げにならないよう高速道路は夜間に走ったそうです。

新たに建設するよりも，移動させて利用することの方が，コストがかからないということなのかもしれませんが，教室よりも大きな電磁石もあるのです。

世界最強の電磁石（2019年６月現在）

2019年６月総合学術ジャーナル『ネイチャー』によると，アメリカで世界最強の電磁石が20年ぶりに更新されたそうです。強さは45.5Ｔ（テスラ），重さは390ｇの小型磁石で新型「リトル・ビッグ・コイル３」と名づけられました。先ほどの重さ15ｔの電磁石と比べると，ずいぶん小さいですね。ちなみに，テスラは磁束密度の単位です。小さな磁石を絆創膏で貼るタイプの医療機器がありますが，最大200mT（＝0.2Ｔ）でコリや血行の改善を図っています。何倍か計算できますか？

更新される前の世界最強の連続磁石は，MRIの約10倍の強さである45Ｔという記録がありましたが，重さ35ｔもあり，この大きさでは世界のごく限られた施設でしか利用できません。しかし，近い将来，もっと小型化された電磁石の開発・利用が期待されそうです。

〈参考文献〉
・大津市科学館「パワフル電磁石」
http://www.otsu.ed.jp/kagaku/02_exhibition/pdf/3-7.pdf
・種村雅子研究室（大阪教育大学）「電磁気学の歴史年表」
https://www.osaka-kyoiku.ac.jp/~masako/exp/denki/denjikigakurekisinenpyou.html
・CNN「直径15メートルの巨大電磁石，５千キロの大輸送」
https://www.cnn.co.jp/fringe/35033586.html
・GIZMODO「世界最強の磁石が20年ぶりに更新。しかも９万倍軽い小型版で！」
https://www.gizmodo.jp/2019/06/worlds-strongest-45-5-tesla-magnet.html

（宮澤　尚）

イネの花の命は１時間だけ?!

どんな場面で使える？

社会科の学習では，米づくりについて学習します。米ができるまでの様子を，理科の学習と関連させて観察してみましょう。

身の回りの花を分解してみると，綺麗な色の花びらがあり，中にはおしべとめしべがあります。では，５年生の社会科の学習で育てることが多いイネにも花が咲くのでしょうか？　「植物だから花は咲く」「実ができるから花が咲く」という予想はできそうですが，実際にイネの花を見た記憶はありますか？

実はイネも花が咲いて，受粉してお米ができるのです。

花が咲くまで

イネの苗は大きくなるにつれて，次々に新しい茎が根元から枝わかれのように増えます。これを「分けつ」といいます。分けつが進み，背たけもぐんぐん伸びて，８月頃になるとイネは穂をつける準備をします。

茎の上の方を注意して見ると，今までは先端の葉のつけ根の部分から出ていた尖った葉の先が出なくなります。これはイネが穂を伸ばす準備に入ったということです。

イネの穂には，米のできる3㎜ほどの大きさの緑の袋がたくさんついています。これが「もみ」です。もみは，お米を包んでいるかたい袋です。イネの花は，このもみが割れるようにして咲きます。

イネの花

どんな花？

イネの花を見るためには，いつ，どんなときに行けばよいでしょうか？

答えは，晴れた日の午前中です。イネの花は，バラやチューリップの花のように，綺麗な花びらがありませんので，見逃してしまうかもしれませんね。よく見ると，2つに割れたもみがいくつもあるのがわかります。この2つに割れたときがイネの開花なのです。

そのときに，中から白いおしべが6本出てきます。その先には，小さな袋がついていて，そこから花粉が風に吹かれてこぼれてきます。

もみから飛び出しているおしべが，あたかも花びらのようにも見えますね。めしべは，おしべと違って，もみの中に隠れています。

いつ見られる？

イネの花は，夏の頃の午前中に咲き始め，わずか1，2時間程度で閉じてしまい，わずかな時間でしか見られません。

しかも天気のよい日でないとダメです。穂先から順に咲き，およそ1，2週間続くようです。

咲き終わると，もみは閉じてしまい，もう開くことはありません。おしべが外に出たまま，もみは閉じるので，おしべが出ていれば，開花後だとわかります。

受粉はどうやって？

イネはおしべの花粉が風の力で運ばれて受粉が行われる風媒花で，しかも，おしべの花粉が同じ花のめしべについて受粉する「自家受粉」をします。

イネのおしべは開花とともに，中の花粉が飛び散るのでめしべは同じ花の花粉を受粉しやすくなります。また，開花時間も短く，他の花からの花粉がつきにくいのです。

受粉したもみには，葉でつくられた栄養がもみの中のめしべの根元（子房）へ運ばれ，デンプンになります。そのデンプンが少しずつ固まり，米になります。デンプンが固まるにつれて，重くなるので穂の先は段々下に垂れてきます。JA グループによると，「穂が出てから35～45日の間で，穂の全体の90％が黄金色になったころが収穫の目安」とされています。

トウモロコシでは

米・麦と同じように世界三大穀物と言われるトウモロコシにも，もちろんおしべやめしべ，受粉といった過程があります。

トウモロコシのめしべは，先端から出ているひげの部分で「絹糸（けんし）」と呼ばれます。粒の一つひとつから伸びていて，花粉がつくと受粉します。つまり，トウモロコシの粒の数とひげの数は同じということになります。

学習園などで育てる機会があれば，ぜひひげの部分をよく観察してみてください。

〈引用・参考文献〉
・野上俊二「イネに花はあるの？」佐巻健男編著『理科がもっと面白くなる科学小話Q＆A100　小学校高学年編』明治図書，2002，pp.10-11
・クボタのたんぼ　お米ができるまで「分げつ」「出穂と開花」
https://www.kubota.co.jp/kubotatanbo/rice/management/offshoot.html
https://www.kubota.co.jp/kubotatanbo/rice/management/ear-emergence.html
・JA グループ「お米づくりに挑戦（やってみよう！バケツ稲づくり）」
https://life.ja-group.jp/education/bucket
・JA グループ福岡　アキバ博士の「農の知恵」「トウモロコシのひげは何？」
http://www.ja-gp-fukuoka.jp/education/akiba-hakase/002/004.html

（坂田　紘子）

おなかの中の赤ちゃんと，さやの中のマメが似ている？!

どんな場面で使える？

赤ちゃんは，母親から栄養をもらい，そして守られながら成長します。さやの中のマメも，似たような仕組みになっています。結構，意外ですよ。

さやの中のマメの様子

実は，さやの中のマメの様子は，子宮の中での赤ちゃんの様子と，とても似ているのです。

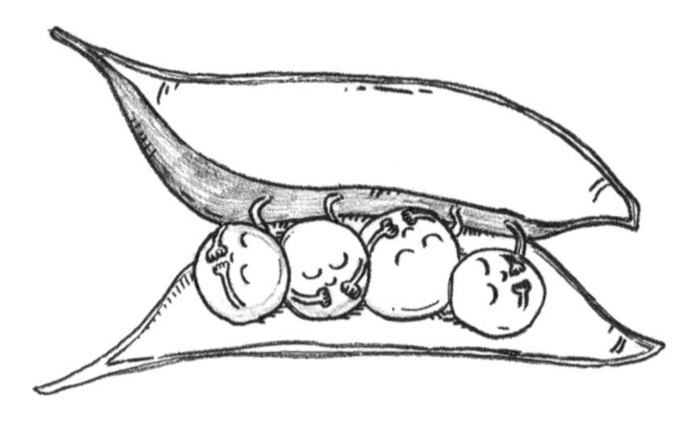

さやの中でのマメの様子

図は，さやを開いた状態にしたところを表したものです。図からわかるように，マメは1つずつ，さやとつながっています。へその緒と同じような仕組みです。このつながっている部分は「珠柄（しゅへい）」と呼ばれ，さやから養分を送ってもらっています。また，さやは子宮の役割を果たしているのではないでしょうか。さらに，さやの中は少し湿っています。羊水だと考えてもよいと思われます。

ソラマメは，マメの中でもかなり大きいです。ソラマメのさやの内側は，フワフワになっています。まるでベッドのような感じです。これは，マメを寒さや乾燥などから防ぐ役割があります。また，葉や根から送られてきた養分を，貯蔵庫として蓄えておく役目もしているそうです。その様子を描いた絵本もあるくらいです。ぜひ，読んでください。

花から実へ

ソラマメももちろん植物なので，さやができる前には花が咲きます。ソラマメの花は，野菜の花の中でもとても綺麗な白と紫の混ざった花をたくさん咲かせます。花びらがある被子植物という仲間で，それぞれ形の違う花びらが5枚，10本のおしべが１本のめしべを同心円状に包んでいます。めしべの根本にある子房の中に，胚珠と呼ばれるものがあります。ここが将来，種子となり私たちがよく食べる部分になるところです。

開花後35～40日，空を向いていたサヤがよくふくらんできて，段々下へ垂れ下がってきて光沢が出た頃が食べどきの収穫の目安です。「ソラマメ」は，空に向かってさやが大きく育つことが名前の由来です。

収穫しないでそのまま置いて約１か月もすると，植物全体が枯れてきます。そうすると茶色に熟した乾燥子実としての収穫時です。

これが，次の栽培のためのタネとなります。土に植えるときは，「おはぐろ」と呼ばれる黒い線の入ったところを下に向けて植えるそうです。

ソラマメの冬越え

すべての植物はうまく合った季節に育てることが大事です。同じ豆の仲間でも，枝豆やインゲンマメ，エンドウなど，学校でよく育てたり食卓でよく見かけたりする豆は，春に種まきをするものが多いですね。

そして，数か月後の夏～秋にかけて実ができ収穫できるようになります。しかしソラマメは一般的に，秋に種をまき，春に収穫するのです。つまり，寒い冬を越えることになります。

ソラマメは開花してさやができるための大切な条件として，ある一定の期間，低温にあわなければならないそうです。それも，できるだけ若い時期に寒さにあう必要があります。これを春化性を獲得するといい，春化現象と呼ばれます。少々の寒さにもへこたれない丈夫な体になるそうです。

しかし，さすがに冬の最低気温が平均５℃以下の地方などでは，寒害の危険が大きいので，初夏に種をまき秋に収穫することもあるそうです。この場合にも，一度低温にあうことが必要なので，芽が出た後すぐに低温処理をするそうです。

マメ知識

私たちの食卓に並んだり，スーパーなどでよく見かけたりするマメにも様々な種類があります。呼び方も様々ありますが，食べ方や収穫時期が違うだけで，実は同じ植物だということがあります。

例えば，金時豆，虎豆，三度豆のように漢字で書かれたものがあったり，スナップエンドウといったおしゃれな感じの名前に出合ったりもしますね。

その他，ダイズを暗所で発芽させたものが「もやし」になることも有名ですね。

生物の多様性はすばらしい

生物は実に多様です。誕生の仕方にも様々な方法や仕組みや工夫があります。一度に生まれる数も，暮らす環境や生物によって大きく異なります。

しかし，そのような多様性の中から，共通点を見つけてみることも，とても面白いです。

〈参考文献〉

・なかやみわ作・絵『そらまめくんのベッド』福音館書店，1999
・木暮秩編・かとうまふみ絵『そだててあそぼう　ソラマメの絵本』農山漁村文化協会，2007
・日本農業教育学会監修『めざせ！栽培名人　花と野菜の育てかた 15マメ　ダイズ　ソラマメ　インゲンマメ』ポプラ社，2016

（田中　一磨）

どのアサガオも，つるの向きは右巻き?!

どんな場面で使える？

植物をよく観察しながら栽培すると，様々な気づきが生まれます。植物の性質を予想し，検証してみましょう。発見した性質は，他の植物にもあるのか確かめてみましょう。

アサガオのつるの向き

つる植物の茎の巻く方向を調べるとき，下から見ると「反時計回り」でも，上から見ると「時計回り」に見えてしまいます。ちなみに，アサガオのつるは上から見ると反時計回り，下から見ると時計回りになっています。どのアサガオも，同じ方向で巻いています。

「広島の植物ノート」では，見る方向で変わってしまう「巻く方向」の定義とその背景が整理されています。簡単にまとめると，牧野富太郎は『植物学講義第２巻（植物記載学　後篇）』（1913）で，アサガオの巻き方向を学術用語では dextrorse，日本の慣用語では左巻きと書いています。その後，日本植物学会が『学術用語集植物学編』（1956）を作成した際に，文字がもつ意味の通りに，dextrorse を右巻き，sinistrous を左巻きと訳され，現在では，「アサガオのつるの巻きつき方向は右巻き」となっているそうです。

アサガオやキウイフルーツでは右巻き，フジやツルリンドウは左巻きしかありません。でも，ツルニンジンやツルドクダミのように右巻き，左巻き両方あるものもあるそうです。なお，フジとナツフジは左巻きで，ヤマフジは右巻きです。ややこしい…。

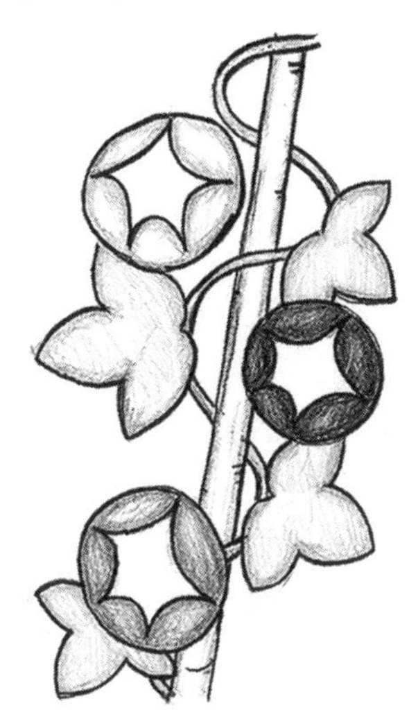

アサガオは右巻き

アサガオは私たちにとって身近な植物であり，幼児期や小学校低学年で，種から結実まで育てた経験がある人がほとんどでしょう。しかしながら，知らないこともたくさんある植物です。

そこで，「無理矢理つるを左巻きに巻いたら，その後どうなるか？」という実験をしてみたらどうでしょう？

結果は，無理矢理逆向きにされた部分はそのままで，その後成長するつるは元の右巻きで伸びていきます。

なぜ，アサガオは左巻きではなく，そこまで右巻きにこだわるのでしょうか？　その理由は，まだわかっていません。

アサガオの性質のいろいろ

他にもアサガオには，いろいろな性質があります。

アサガオが上へ上へと伸びていく仕組みは，オーキシンという植物ホルモンが関係しているそうです。

植物の茎を横にすると，オーキシンは下側に移動し，オーキシンの濃さは上側より下側の方が濃くなります。オーキシンは茎の成長を促す性質があるため，下側が上側よりよく成長します。そのため，茎は上へ上へと伸びていくわけです。

では，途中で下向きになるように曲げられた支柱でアサガオを育てると，茎はどのように成長していくでしょうか？

結果は，最初は順調に上へと伸びていきますが，支柱が下向きになったところでその支柱を離れ，上へと向かう別の支柱を探し始めます。

アサガオのつるを定点カメラで撮影し，観察してみます。つるの先はどれくらいの時間をかけて１つの円を描くでしょうか？

３時間？

５時間？

結果は…およそ１時間でした。

予想と比べてどうでしたか？

45分の授業が始まって終わる間に，つるの先はほぼ１周りしているんですね。

また，つるを触ってみると，ふわふわした感覚を感じることができます。

よく見ると，たくさんの細かい毛が生えていることがわかります。どうして，つるがふわふわしているのか様々な仮説が考えられそうですね。

アサガオをはじめとして植物をよく観察し，条件を変えながら実験をして植物の性質を調べてみると，いろいろな発見がありそうですね。

〈参考文献〉

・広島の植物ノート「特集　つる植物の右巻きと左巻き」
http://forests.world.coocan.jp/flora/issue/issue-1.html
・朝顔の観察日記「朝顔のツルは巻く方向が決まっている？　左巻き？　右巻き？」
http://asagao.rikejo-c.jp/himitu/turunomuki

（岩本　哲也）

進化の研究を支えているのは人気がある小さな魚?!

どんな場面で使える?

数百万年に及ぶ哺乳類の進化の歴史に興味をもたせる授業で使えます。進化の過程が遺伝子組み換え技術により少しずつ明らかにされようとしていることに話を広げられます。

進化ってアニメの世界だけじゃない?

皆さんは進化といえば何を思い出すでしょうか?

アニメでもよく見るシーンですが，ゲーム「ポケットモンスター」では，登場するキャラクターがレベルアップして進化することで姿や能力が変化していきます。早く進化させようと，レベルアップに夢中になった人も多いのではないでしょうか?

しかしこれはアニメやゲームの世界のことであり，現実の世界ではありません。我々人間は進化しているのでしょうか?　実は人間を始めとした生き物は，気の遠くなるような長い歴史の中で進化し続けています。

人間も元を辿れば，なんと魚から進化したものであることがわかっています。

魚から進化した人

人間をはじめとして陸上で暮らす哺乳類が，魚から進化してきたということは，今までに発見されてきた化石の形を見比べてわかってきたことです。時々発見される魚の化石の骨を観察して，進化の過程を推測してきました。骨の形から，魚のどの部分が人の手足の指となったのかなどを推測する方法しかなく，進化の詳細において謎の部分がまだまだ多く残っていました。

そんな中2016年，アメリカ・シカゴ大学の研究チームが初めて，化石ではなく動物実験によって「人間の手足の指と手首は，魚のヒレにある軟らかい骨の部分から進化した」とする証拠を発表し，その内容と方法が注目されました。

手は魚のどの部分から？

研究チームは，「ゼブラフィッシュ」という魚を使って遺伝子組み換え実験を行いました。これまでの研究では，人間やマウスで指をつくるのは「Hox13遺伝子」ということがわかっていました。

そこでゼブラフィッシュの遺伝子を組み替えて「Hox13遺伝子」を働かなくしたのです。すると，胸ビレや腹ビレなどで，本来ヒレが放射線状に広がっている部分にある軟らかい骨が，ほとんどない魚になりました。このことから，ヒレの軟らかい骨が徐々に進化し，人間の手足の指や手首になったことがわかりました。

これまで化石から推測するしかなかった進化の過程が，実験によって少しずつ明らかにされようとしています。今後のさらなる研究に期待がもたれます。

科学者に大人気のゼブラフィッシュ

さて，今回の実験で使用されたゼブラフィッシュ。これまでにもいくつかの科学的大発見が，この小さな魚によってもたらされました。

体長４cmほどの小魚が人気である理由は，発生が極めて早く，３～４日で孵化するからです。多産（１週間に１回，50～200個産卵する）であり，世代交代が早く（２～３か月で成熟する），狭い場所で大量に飼育ができる点も挙げられます。

また，ゼブラフィッシュは産まれてからしばらくは体が透明で，体内で何が起きているのかを手に取るように観察することができます。さらには，一生透明な体を維持できるように人工的に開発されたものも存在します。

鑑賞魚としても人気のゼブラフィッシュ

実はこのゼブラフィッシュ，その名の通りはっきりした縞模様から観賞魚としても人気のある魚です。

ゼブラ・ダニオとも呼ばれることもあるインド原産の小型熱帯魚で，コイ目コイ科ラスボラ亜科ダニオ属に分類されます。人気の理由は模様だけではなく，上述したように丈夫で成長も早く増えやすいというのもあります。

現在様々な改良品種が出回っており，ロングフィンタイプという，通常よりヒレが長いタイプのゼブラフィッシュが特に多く流通しており，安価で手に入れることができます。ペットショップやホームセンターで見たことのある人もいるのではないでしょうか？　それほどメジャーな飼育魚です。

今後も私たちに多くのことを与えてくれることを期待しましょう。

〈参考文献〉

・academist Journal「サカナのヒレが人間の指に進化した？－ゲノム編集から判明した意外な事実」
https://academist-cf.com/journal/?p=1519
・ログミーBiz「『ゼブラフィッシュ』がもたらす医療の進歩　ガン治療法や組織再生の研究にも活用」
https://logmi.jp/business/articles/163912
・遺伝学電子博物館「ゼブラフィッシュ」
https://www.nig.ac.jp/museum/livingthing15.html

（稲井　雅大）

世界中，歴史上
同じ遺伝子をもつ人はいない？!

どんな場面で使える？

人の誕生を「調べ学習」を通して学習することが多い単元です。調べることを通して，ゲノム時代と言われる時代に入り，命について考える機会とすることができます。

形質の違いはたくさんある

人の誕生の学習をしていると，様々な疑問がわいてきますね。その中でも，「お兄ちゃんと似ていることがあるよ」「妹と似ていることがあるよ」「上のお兄ちゃんと似ていることもあるけれど，下のお兄ちゃんと似ていることもあるよ」「おじいちゃんと似ていると言われるよ」「双子って，似ているところもあるけれど，似ていないところもあるよ」など，似ている，似ていないにかかわる疑問がたくさんありますね。

それではここで，体の特徴の違いを見てみましょう。

例えば，

・つむじが右巻き，左巻き？

・巻き舌ができる，できない？

・指の組み方は右手が上，左手が上？

・親指が反り返る，反り返らない？
・一重まぶた，二重まぶた？
・えくぼができる，できない？
・同じものを食べても，苦いと感じる？　感じない？
など自分の特徴を調べてみましょう。

クラスで，全部同じになる人はいないはずです。このような体の特徴や生き物がもつ性質のことを「形質」といいます。形質の中には，家族の中で同じように現れるものがあります。人の場合，先ほど調べたことなどが，親から子に受け継がれる遺伝子との関係が深いとされています。

次に，世界の人たちにも目を向けてみましょう。
・目の色は黒色？　青色？
・髪の色は黒い？　茶色い？　金色？
・肌の色は，どんな色？
・背が高い人がたいへん多い？
・がっしりした体格の大人の人が多い？

その他には，いかがでしょうか？　そうですね。違っていることが，たくさんありますね。

世界中，歴史上同じ遺伝子をもつ人はいない？

「遺伝子」という言葉を聞いたことがあるでしょう。遺伝子は，体をつくるためのプログラムであり，体をつくる設計図とも言えます。人の遺伝子は約20,000種類。だから，１組の両親から生まれる組み合わせは70兆通り以上あるとのことです。

人類の誕生からの累計人数は，約1100億人近くになるそうです。また，現在の世界人口は，80億人に近いそうです。そして，１組のカップルが生涯に２人の子どもをもつと仮定して，その１組からあなたが生まれてくる確率を考えてみると，何百兆分の１とかになりますね。でも，そのカップルの祖父母が１人でも変われば，また，その祖々父母の１人でも異なっていれば，もう存在できない，あり得ない…ということになりますね。

そうして考えれば，あなたは，世界中，歴史上，たった１人しかいない，かけがえのない大切な人であることがわかります。

お尻に尻尾の名残？

では質問です。人の祖先はサルだと聞いたことがあるでしょう。サルの尻尾は，なぜ人にはないのでしょう？

お尻の上の飛び出た骨（尾骨）は，人に進化する前のサルの尻尾の名残と言われています。尻尾は，バランスをとるのに必要だとされています。私たちの祖先が二足で歩行するようになったとき，必要ではなくなった尾が徐々に消滅して今の形状になったようです。

このように，祖先にはあって，今を生きている動物では利用しなくなっている器官を「痕跡器官（こんせききかん）」といいます。人体構造の中の痕跡器官について，初めて指摘したのがチャールズ・ダーウィンです。『種の起源』に表され，進化の証拠であるとしています。

「親知らず」って知っていますか？　皆さんのお兄さんやお姉さんで，親知らずが生えてきたという人もいるのではないでしょうか。大人の奥歯の中で最も後ろに位置する歯で，10代の後半から20代の前半頃に生えてくると言われています。これも痕跡器官です。それから「糸切り歯」とも言われる犬歯（上下の門歯と臼歯の間にある楔状の歯）もそうなのです。

また，「盲腸で入院！」ということを聞いた人もいるかと思います。盲腸は，大腸の始まりの部分から飛び出た小さな嚢で虫垂（ちゅうすい）と呼ばれるところの病気（虫垂炎）ですが，この虫垂もやはり痕跡器官です。さらに，耳の上部に少しだけ突き出たところ（ダーウィン結節）も他の霊長類と同じ進化を遂げた証拠なのだそうです。

38億年前に生まれた生命は，地球環境の変化に適応するようにしてたくさんの生き物が誕生してきました。人の体には，まだまだ解明されていないことがたくさんあります。

〈参考文献〉

・『もっと知りたい！　遺伝のこと』科学技術振興機構，2016
・カラパイア　不思議と謎の大冒険「人間の耳は犬の耳。かつて人類の耳は犬の耳と同様音に反応して動いていた（米研究）」
http://karapaia.com/archives/52205047.html

（松田　雅代）

あなたが生まれた日は誕生日じゃない?!

どんな場面で使える？

「あなたが生まれたのはいつですか？」とたずねてみましょう。きっと「誕生日」を答えるはず。「当たり前」の答えが子どもをゆさぶり，考えるきっかけにつながります。

あなたが生まれた日

“Happy Birthday to you”は，世界で一番歌われている歌だそうです。年に一度の自分の誕生日を誰かと一緒に過ごせることは，ありがたいことですね。

あなたが生まれた日はいつですか？　子宮から外に出て生まれた日が誕生日ですが，精子と卵子が出会い，受精したその瞬間，あなたは生まれたと考えることもできます。

「人の誕生」は，受精卵から赤ちゃんとして母体内で栄養をもらいながら成長する約270日間の様子を学習する単元です。受精卵となっても，必ず生まれるとは限りません。

あなたは，子宮という赤ちゃんのベッドで母親から栄養をもらい，受精卵から胎芽となり，胎児となって成長してきたのです。ご先祖様から続く生命のバトンを受け取り，あなたは生まれました。約３億の精子のうちの１匹だけが卵子と出会い，受精しました。数々の偶然が積み重なって，今のあなたがいるのです。

「満年齢」と「数え年」

「あなたは何歳ですか？」と聞かれれば，年齢を答えると思いますが，あなたが答えた年齢のことを「満年齢」といいます。「誕生日」を０歳として，誕生日が来るたびに１歳増える数え方です。正確には，誕生日前日の午後12時に１歳増えるという考え方です。

「数え年」は聞いたことがありますか？　現在では，満年齢でも数え年でもどちらの場合でも祝ってもよいとされていますが，七五三や還暦などの特別な場面で使われる数え方です。数え年は，「誕生日」を１歳とします。そして，元日（旧正月の元日は，１月下旬から２月中旬）に全員が一斉に１歳増えるという数え方です。家族がたくさんいる場合には，同時に１歳増えるので，わかりやすいとも言えますね。現在でも韓国やベトナムでは「数え年」を一般的に使用しているようです。

満年齢と数え年の数え方の違い

	誕生日	元日	誕生日	元日	誕生日	…
満年齢	０歳		１歳		２歳	…
数え年	１歳	２歳		３歳		…

「数え年」の数え方をすると，極端な例では，大みそかに生まれたばかりの赤ちゃんが，翌日の元日には２歳になる計算になります。

法律から見る「満年齢」と「数え年」

今では「満年齢」が一般的に使用されていますが，いつ頃から使われるようになったのでしょうか？　実は，法律が関係しているのです。

1902年12月22日に施行された明治三十五年法律第五十号（年齢計算ニ関スル法律）において「年齢ハ出生ノ日ヨリ之ヲ起算ス」とあり，これは「年齢は出生の日からこれを起算する」という意味になります。このときから，法律上は満年齢を使うようになったと言えるようになりました。しかし，当時の人たちは使い慣れた「数え年」をなかなか変えられなかったようです。

戦後，1950年１月１日に施行された昭和二十四年法律第九十六号（年齢のとなえ方に関する法律）において，改めて「この法律施行の日以後，国民は，年齢を数え年によって言い表わす従来のならわしを改めて，年齢計算に関する法律（明治三十五年法律第五十号）の規定により算定した年数（一年に達しないときは，月数）によってこれを言い表わすのを常とするように心がけなければならない」とし，世間に広く，「満年齢」が浸透するように励行しました。つまり，「満年齢」に一本化したのです。

実際「数え年」と「満年齢」が混在している当時，様々な場面で混乱が生まれていたようです。特に戦後の配給制度では問題が大きく，数え年で配給された場合，「満年齢」０歳の赤ちゃんに食べられるはずのない「数え年」２歳児の食事配給が回ってしまうこともあったようです。

改めて「数え年」を見つめる

今では一般的な「満年齢」という概念も，法律によって定着が図られ，西洋化・近代化を果たすことができました。年齢の間違いによる混乱も少なくなったと言えるでしょう。赤ちゃんがお腹にいる間は，妊娠○週といった親の視点から数え，この世に生まれ誕生した日から０歳と数える方法は，世界のほとんどの国が採用し，国境を越えても年齢の間違いによる混乱は少ないと言えます。

一方，「数え年」は，誕生日を１歳と数えます。精子と卵子が出会い，母体内に生命が宿っているときの我が子を０歳として，約270日を過ごして，生まれた日を１歳と数えるこの数え方は，母体内にいる間も胎児を生きている生命として認めていると考えることもできます。お腹の中に生まれたときから，生まれた後も生命が連続していると捉え，年齢を数えていたのかもしれません。

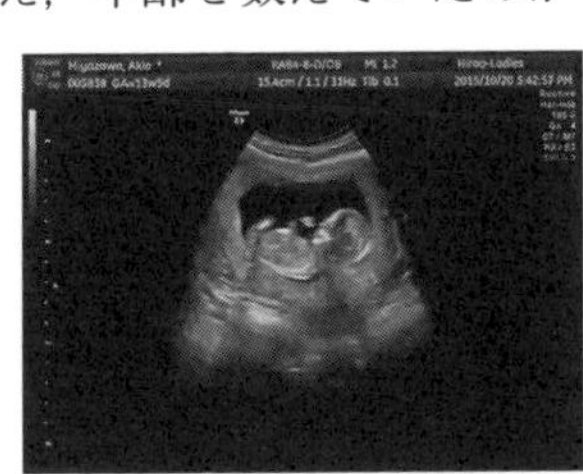

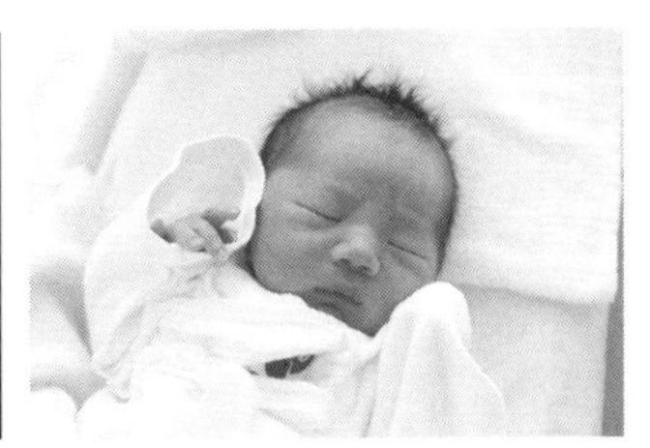

卵子と精子が出会った日が「誕生日」と考えることもできる

〈引用・参考文献〉
・電子政府の総合窓口「明治三十五年法律第五十号（年齢計算ニ関スル法律）」「昭和二十四年法律第九十六号（年齢のとなえ方に関する法律）」

（宮澤　尚）

人は水辺の上に立っている？!

どんな場面で使える？

洪水を防ぐ工夫は，堤防やダムによる河川対策だけではないことを学ぶ場面で使えます。都市型の水辺への治水の方法にも，人間の英知が詰まっています。

「水辺」の定義

人間の営みの根源には，常に水が存在します。人間は時に水と闘い，またある時には水と共生しながら，人間の暮らしをつくり上げてきました。

水は，人間の生活に欠かせないものの１つです。そして，水というテーマは，環境について考えるためにも大切なことです。例えば，公益財団法人河川財団は，活動内容の１つとして「河川教育」を行っています。「子どもの水辺」などにおける様々な体験活動の支援も行っています。

さて，その「水辺」とは何でしょうか？

「水辺とは主に，河川や湖沼，湿原といった，淡水域から汽水域までの区域（陸水域）の岸に近いところを指します」「海岸に近いところは海辺と呼ばれます。どちらの用語も，どこからどこまでを水辺・海辺と呼ぶという厳密な定義があるわけではありません」（西川・伊藤，2016）とあるように，厳密な定義はないものの，「水辺」とは河川などの岸に近いところを指すようです。

直接水の見えない「暗渠」

読み方が難しいですが，「暗渠」は「あんきょ」と読みます。「渠」とは，人口の水路や溝のことを意味します。「暗渠」とは，元々川や水路だったところに蓋をして，道路などにしたところをいいます。直接水は見えないですが，道路の下には水が流れているところです。逆に，「渠」のあるところを「暗渠」に対して「開渠（かいきょ）」といいます。

渋谷川が開渠になる稲荷橋広場

直接水が見えない地下にも，川や下水道などが流れています。河川の洪水を防ぐ対策として，堤防やダムがありますが，人口が集中する都市の場合，限られた土地を有効に活用する治水対策として「地下」があります。都市部では，人は地下の水辺の上に立っていることになります。

マンホールの蓋にも秘密あり

マンホールの地下には，下水道や暗渠が流れています。大雨などで排水溝から集められた大量の水は，地下へ流れ，マンホールの蓋を浮かせてしまうことがあります。

蓋が丸いのは，中の穴に落ちないようにするため，というのはよく知られています。しかし，昭和60年，あまりにも大量の雨水で地下の水があふれた結果，マンホールの蓋そのものが地下水で持ち上げられ，流されてしまうという事故がありました（安川・宇井，1985)。

そこで，現在マンホールの蓋のほとんどは，地下の空気が抜けるように孔(あな)が開けてあったり，蓋が上に持ち上げられたとしても，流されていかずに，そのまま元のマンホールの穴に下がっていく構造になっていたりします。ちなみに，カリフォルニア州バークレーでは，ジェンダー配慮のため公的文書では，マンホールとは呼ばず「メンテナンスホール」という名称を使用しています（AFPBB News)。

洪水を守る首都圏外郭放水路

埼玉県東部には2006年，「首都圏外郭放水路」が建設されました。世界最大級の地下河川であり，「地下神殿」「地下のパルテノン神殿」という異名をもちます。

首都圏外郭放水路は国道16号の地下約50mに建設された延長6.3kmの地下放水路です。埼玉県春日部市の中小河川から氾濫する水を取り入れる施設，地下で貯水して流す地下水路，そして，水をポンプで江戸川に排出する排水機場などで構成されています。

首都圏外郭放水路

2019年10月の台風19号の際にも稼働し，67万㎥を貯水。12日から14日朝までに1,000万ｔを排出し，洪水を防ぎました。国道の「地下」でも治水対策が行われています。

〈引用・参考文献〉
・西川潮・伊藤浩二『観察する目が変わる　水辺の生物学入門』ベレ出版，2016，pp.20-21
・安川浩・宇井正和「大都市下水道における豪雨時の水流管理方式に関する一考察」総合都市研究，第26号，1985，pp.３-14
・AFPBB News「『マンホール』とはもう言いません，ジェンダー配慮で用語変更　米バークレー市」
https://www.afpbb.com/articles/-/3235870
・日本が世界に誇る防災地下神殿　首都圏外郭放水路
https://www.gaikaku.jp/

（宮澤　　尚）

川は漢字の「川」のように流れていない?!

どんな場面で使える？

地球上にある自然の川はどれも直線にはなりません。人工的につくった運河は直線にできますが，直線的な川も時間の流れとともに形を変えていくことを考えることができます。

日本にある河川

1965年に施行された河川法により，国土保全上または国民経済上，特に重要な水系で政令で指定されたものは「一級水系」と呼ばれています。一級水系に係る河川のうち河川法による管理を行う必要があり，国土交通大臣が指定した河川が「一級河川」です。

「二級河川」は，一級水系以外の水系で公共の利害に重要な関係があるものに係る河川で，河川法による管理を行う必要があり，都道府県知事が指定した河川です。その他に，市町村長が指定した「準用河川」があります。これら以外の河川は「普通河川」と呼ばれていますが，これは河川法上の河川ではありません。

2018年４月30日現在，一級水系として109水系が指定されており，一級河川は14,066河川が指定されています。また，二級河川は7,081河川，準用河川は14,327河川が指定されています（国土交通省）。普通河川はこの数に含まれないので，日本にはたくさんの河川があることがわかります。

川は直線か曲線か

多くの川を航空写真で見ると，直線ではなく曲がっている部分があることがわかります。中には，都市部などで直線的な部分もありますが，これは人工的に水の流れを整備したものであり，自然のものではありません。

５年で学習する「流れる水の働きと土地の変化」では，「浸食・運搬・堆積」の働きを学びます。自然界にある川は主にこの働きによって，蛇行します。さらに，曲がり方は水量や土地の性質，天候，さらには住んでいる動物など，複数の要因がかかわっています。

長い時間をかけて，変化する川の形は次のような経過をとります。何かのきっかけで，川のどちらかの川岸が少し浸食されます。すると，浸食された場所が少しカーブに似た状態になります。そこに水が流れると，カーブの内側と外側では流れの速さが異なり，外側の流れが速くなります。そして，速い流れがある外側の方が，浸食作用が大きくなり，土地が削られていきます。外側が遠心力も働いて強い力で浸食されていくため，外側の方が水深も深くなります。反対に内側は，運搬された土砂が積もっていきます。

曲がりくねった川を自然の流れに任せてそのままにしておくと，曲がっている流れ同士が近づいていき，流れ同士がつながることがあります。さらに時間が経つと，運搬された土砂が川の流れを変えてしまい，元の曲がっている部分が流れから離れてしまうことがあります。すると，カーブした川の一部だけが独立して湖として残ることになり，「三日月湖」と呼ばれます。

自然界では川は曲がりますが，曲がったままの川は水がぶつかる場所が多くなって流れが緩やかになり，直線の水路に比べて大雨のときに水を運ぶことのできる量が少なくなってしまいます。そのために，曲がっている川は水害が起こりやすくなってしまうという欠点があります。

この曲がっている部分を直線にしてしまうことで，水害を防ごうとする治水工事があります。その水路のことを「捷水路」といいます。また，直線にする捷水路の役割に似て，特に水害を防ぐためにつくられた放水路があります。放水路とは，本流から分岐させた水路のことで，洪水が発生しそうなときに使います。大量の水を海へ流したいときに，本流から放水路へと水を流すことで洪水を防ぎます。１本の川では流せる水の量が限られているので，放水路を使って２本で流せば大量に安全に流せるというわけです。

人工的に直線の水路をつくることで，水害を防ぐ効果は高くなるものの，すべての場所では行われていません。費用はもちろん，自然環境への影響も考えなくてはならないからです。ダムの建設時の問題にもあるように，人工的な川の工事は周辺の生き物に大きな影響を与えることがあります。直線化された川は流れが速くなり，流れが緩やかな場所を住処にしていた，淡水魚や水生昆虫は生きられなくなってしまいます。河原や水際でしか生きることのできない植物や昆虫もいます。それらを食料にしている鳥類や哺乳類にも影響があります。人工的な工事がこのような生物たちを絶滅，もしくは絶滅寸前にまで追い込んでいることもあるのです。

自然の生態系の復活を目指し，直線化から蛇行化された事例もあります。釧路湿原を流れる釧路川では「川の蛇行復元事業」が2011年までに実施されました。その復元事業で自然が再生し，河川や湿地の動植物が豊かさを取り戻しつつあることが確認されました（マイナビニュース）。川の蛇行は，周辺の生物にとってはなくてはならないものなのかもしれません。

川は，自然界の水の循環から見てもなくてはならないものになります。そして，人類も川を利用して生活を豊かにしていきました。一方，水害によって多くの被害を受けないようにするために治水工事を進めてきました。川を工事するかどうかは，現在までの工事でもあったように，長期的な視野が不可欠になってくるはずです。

〈参考文献〉

・国土交通省「川と水の質問箱 よくある質問とその回答（FAQ）」
https://www.mlit.go.jp/river/basic_info/iken/question/
・国土交通省 九州地方整備局 大隅河川国道事務所
http://www.qsr.mlit.go.jp/osumi/index.htm
・マイナビニュース「蛇行復元で釧路川の自然は再生した」
https://news.mynavi.jp/article/20140520-a067/

（古池　秀行）

「流れる水」は人生においても活躍する?!

どんな場面で使える？

身の回りにある，流れる水の働きを利用した道具などを探すきっかけになります。学んだことと日常生活との関連を図ることができます。

「流れる水」は土地以外にも働く？

流れる水には，土地を侵食したり，石や土などを運搬したり堆積させたりする働きがあります。では，土地以外でどのような働きをするでしょうか？　身の回りを見てみましょう。

「流れる水」の働きを利用した道具として，何が思いつきますか？　ここで，いくつか紹介します。

まず，皆さんが毎日お世話になっているトイレがそうです。便器に水を流すことで，綺麗になります。水の流し方も便器によって様々です。水が出る場所から徐々に便器に傾きをつけて，水が回転しながら便器を洗うようになっているものや，水はねを減らす工夫がされたもの。水の流れの強さを弱めず，より少ない水で洗うことができるものなどがあります。身近にあるトイレにも，素晴らしい工夫と知恵がつまっていますので，トイレを調べてみることも面白いでしょう。

「洗濯機」で活躍する「流れる水」

『雑学科学読本　身のまわりのモノの技術 vol.2』（中経出版，2013）によると，洗濯機は，「噴流式」「攪拌(かくはん)式」「ドラム式」の３種の形式に大きく分けられます。

「噴流式」は，水流式，渦巻き式と呼ばれることもあります。羽根（プロペラ）を高速に回転させ，水の流れで洗濯するパターンで，もみ洗いに似せています。軽くコンパクトなつくりをしています。ただ，水流が強いので洗濯物が絡んだりよじれたりして傷みやすい傾向があります。

「攪拌式」は，大きな羽根をゆっくり回転させて水の流れをつくるパターンです。棒でかき混ぜる洗い方に似せています。一度にたくさんの洗濯ができますが，洗濯機が大型になり，重い特徴があります。

「ドラム式」は，横向きのドラムが回転して洗濯するパターンで，たたき洗いに似せています。生地(きじ)が傷まず，水の量も少なくてすみますが，洗濯時間が長いという特徴があります。

この他に，「食器洗い機」「高圧洗浄機」なども流れる水の働きを利用した道具と考えられます。高圧洗浄機は，水に高い圧力をかけることで強い水の流れをつくり，汚れを落としていきます。

「流れる水」の働きで，金属が切れる？

「ウォータージェット」は，水に高い圧力をかけて，0.1～1mmほどの小さい穴などから出す，とても細い水の流れのことです。その速さは音よりも速いです。

「ウォータージェット」を使って柔らかい金属や，木，ゴムなどを切ることができます。物を切る際，切った物が熱くなりません。したがって，切った部分が熱で溶けたり，色が変わったりすることがありません。また，切った際に出る粉が空気中に舞うことが抑えられるため，安全に作業が行えます。

「流れる水」の速さを変えると…

「流れる水」の速さを遅くすることで，物を切るだけでなく，物の汚れを落としたり，磨いたりできます。メスやデンタルフロス（歯のケア）などは，病院でも使われています。歯医者さんでデンタルフロスをした経験がある人もいるかもしれません。歯と歯の間や歯ぐきの間などは，どうしても歯ブラシの毛先が届きにくいため，汚れが残ってしまうことが多いです。この汚れを，強力な水の流れで洗い流すことができます。

また，普段行っている「うがい」も流れる水の働きを利用していると考えられますね。口を閉じたままほっぺを膨らませたり元に戻したりして口の中をすすぐ「ぶくぶくうがい」や，口を開いて上を向いて息を吐きながら行う「がらがらうがい」は皆さんもよく行っていますよね。「流れる水」の働きを利用している場面は，思った以上にたくさんあるかもしれません。

ことわざ「河童の川流れ」「水に流す」

「流れる水」は言葉にも影響を与えていると考えてみてはいかがでしょうか。「流れる水」に関係する言葉として何が思いつきますか？　ここでは２つ紹介しましょう。

１つは，「河童の川流れ」です。「河童の川流れ」とは，名人や達人であっても，油断して簡単な失敗をすることがあるというたとえです。いくら得意なことであっても，気を引き締める必要があることを教えてくれます。

もう１つは，「水に流す」です。「水に流す」とは，「過去の不愉快なことはなかったこととして忘れる」（三省堂 現代学習国語辞典）という意味のことわざです。広い心で過去を「水に流す」ことができることは，社会を生きるうえで，とても大切です。「流れる水」は人生においても活躍するんですね。

〈引用・参考文献〉

・TDK「テクの雑学　第162回　省エネは身近なところから　～節水型トイレ～」
https://www.jp.tdk.com/techmag/knowledge/201104/index.htm
・涌井良幸・涌井貞美『雑学科学読本 身のまわりのモノの技術 vol.2』中経出版，2013
・Panasonic「オーラルケア（電動歯ブラシ）」
https://panasonic.jp/teeth/jetwasher.html
・三省堂編修所編『三省堂　現代学習国語辞典』三省堂，2007

（岩本　哲也）

雲を表す記号がある？!

どんな場面で使える？

天気は，雲の変化によって影響を受けますが，その雲は，いろいろな形で分類されています。それをよりよく理解するときに記号を使ってみるととても便利です。

雲の種類・状態（おさらい）

皆さんは，「明日の天気はどうなるかな？」と思って，よくテレビ番組に映った天気図を見ませんか？　そう，その天気図は，簡単でわかりやすい日本式天気図です。この日本式天気図は，世界気象機関（WMO）が定めた国際式天気図の簡略版で，雲を表す記号は示されていませんが，国際式天気図には，雲の様子を表す記号があります。

雲を表す記号について話す前に，少しおさらいをしておきましょう。雲は，形やよく現れる高さによって10種類に分けられていますね。地面近くの雲から言うと，積乱雲 Cb，積雲 Cu，層雲 St，層積雲 Sc と呼ばれる下層の雲があります。その上には，乱層雲 Ns，高層雲 As，高積雲 Ac と中層の雲が続きます。さらにその上に位置する上層の雲は，巻層雲 Cs，巻積雲 Cc，巻雲 Ci となります。

また，それぞれの層に表れる雲の状態によって，９または10段階に区分されています。例えば，下層雲 C_L の場合，下層雲がない（C_L ＝０）段階を含めると10段階になります。積層雲が見られる段階（C_L ＝４，５）や積乱雲が見られる段階（C_L＝９）などがあります。中層雲 C_M では，高層雲（C_M ＝１）の段階から様々な高積雲（C_M ＝３～９）の９段階，上層雲（C_H）も毛状の巻雲（C_H ＝１）から巻積雲（C_H ＝９）の状態まで区分されています。

雲を表す記号１（下層雲 C_L）

雲の様子がわかったところで，記号を示してみましょう。下層雲（C_L）グループでは，次のようになります。

C_L ＝０→記号なし（下層雲がないため）
C_L ＝１→ ⌓（扁平した積雲，悪天候下ではない積雲の断片，またはその共存）
C_L ＝２→ （中程度に発達した積雲 or 雄大雲，他の積雲や層積雲も同居可）
C_L ＝３→ （無毛の積乱雲，積雲・層積雲・層雲を伴ってもよい）
C_L ＝４→ （積雲が広がってできた層積雲，積雲共存可）
C_L ＝５→ （積雲が広がってできたものでない層積雲）
C_L ＝６→ ―（積雲が広がってできたものでない層雲）
C_L ＝７→ ---（悪天候下の層雲または積雲）
C_L ＝８→ （積雲と積雲が広がってできたのではない層積雲の共存）
C_L ＝９→ （多毛積乱雲，無毛積乱雲や積雲，層積雲，層雲があっても可）

雲を表す記号２（中層雲 C_M）

中層雲 C_M の記号は，半分クイズにしてみました。下の欄にある記号をそれぞれに当てはめてみましょう。

C_M＝１→（半分以上が半透明の高層雲）
C_M＝２→（半分以上が不透明な高層雲，または乱層雲）
C_M＝３→（１層で全天を覆う傾向のない半透明の高積雲）
C_M＝４→（レンズ状が多いが変化する半透明高積雲。全天覆う傾向はない）
C_M＝５→（帯状の半透明高積雲。連続的で次第に広がり厚くなる）
C_M＝６→（積雲または積乱雲が広がってできた高積雲）
C_M＝７→（不透明な高積雲。または全天に広がる傾向無の半透明高積雲。または高層雲か乱層雲を伴う高積雲）
C_M＝８→（塔状ないし房状の高積雲）
C_M＝９→（混沌とし，いくつかの層になっている高積雲）

わかっている記号から考えると，案外わかりやすいかもしれません。でも…あれっというものもあるようですよ。

正解は，C_M＝２→②，C_M＝４→④，C_M＝６→③，C_M＝８→①となります。全部わかりましたか？

雲を表す記号３（上層雲 C_H）

今度は，ノーヒントです。上層雲（C_H）の記号を全部当てましょう。

$C_H = 1$ → （空に広がる傾向のない毛状，鉤状の巻雲）
$C_H = 2$ → （空に広がる傾向のない塔状，房状，または濃密巻雲）
$C_H = 3$ → （積乱雲からできた濃密な巻雲）
$C_H = 4$ → （広がり厚くなる毛状，鉤状巻雲またはその共存）
$C_H = 5$ → （次第に広がり厚くなるが連続層は地平線上45°以上に広がらない巻層雲。巻雲を伴ってもよい）
$C_H = 6$ → （次第に広がり厚くなり連続層は地平線上45°以上に広がるが，全天を覆っていない巻層雲）
$C_H = 7$ → （全天を覆う巻層雲）
$C_H = 8$ → （全天を覆わず，広がる傾向もない巻層雲）
$C_H = 9$ → （巻積雲，または数種類の雲の中で巻積雲が卓越）

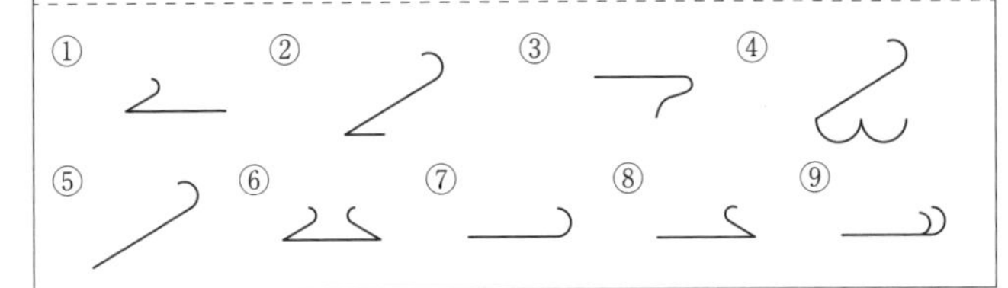

正解は，$C_H = 1$ →⑦，$C_H = 2$ →⑨，$C_H = 3$ →③，$C_H = 4$ →⑤，$C_H = 5$ →①，$C_H = 6$ →②，$C_H = 7$ →⑥，$C_H = 8$ →⑧，$C_H = 9$ →④となります。どうでしたか？

〈参考文献〉

・気象庁「国際式の天気記号と記入方式」
https://www.jma.go.jp/jma/kishou/know/kurashi/symbols.html
・晴ノート「天気図　雲の記号」
https://harenote.com/glossary/clouds-icons/
・あおぞらめいと「雲の状態」「雲の符号化」
http://wapichan.sakura.ne.jp/cloud-coding.html
http://wapichan.sakura.ne.jp/cloud-coding_instructions.html

（溝邉　和成）

テレビやスマホがなくても天気がわかる?!

どんな場面で使える？

エビデンス（科学的根拠）が求められる現代社会ですが，ラジオもテレビもスマホもない時代に，先人はどのような方法で天気を予想していたのかを考えるときに使えます。

アイスクリームが売れる日

日本アイスクリーム協会は，「アイスクリーム白書2018」において，1,200名へのインターネット調査を行いました。その中の「気温が何度くらいのとき，どんなスイーツや飲み物が欲しくなりますか」という質問項目では，気温と欲しいスイーツや飲み物との関係がはっきり出ており，25℃では「濃厚な味のアイス」，30℃では「サッパリしたアイス」，35℃では「かき氷」が最も支持されているという結果が出ました。

白書の結果と同様，一定の暑さを超えると氷菓やかき氷が食べたくなる人もいると思いますが，気温が25℃になったから，さあ食べようと数値によって行動を変えているわけではないですね。季節の変化によって，環境も変化し，人間の生活にも変化が表れているということがわかります。

このことは，POSデータを活用したトレンド分析などからも，数値的な裏づけが出ているようです。POSデータとは，お店のレジで商品が販売されたときに記録されるデータのことです。ちなみに，「アイスクリーム類及び氷菓の表示に関する公正競争規約」において，「アイスクリーム類（アイスクリーム，アイスミルク，ラクトアイスの総称)」と「氷菓」は厳密に区別されています。

静止気象衛星ひまわり

2020年現在，気象観測は「ひまわり８号・９号」の２機体制で行われています。2015年７月７日に７号から８号へ運用が引き継がれ，2017年３月10日から８号のバックアップとして９号が待機運用を開始しました。９号は2022年頃から運用が始まり，８号がバックアップのための待機運用となるそうです。どちらも，観測機能が７号までよりも大幅に向上した新世代の気象衛星となっています。

気象衛星の技術向上やスーパーコンピュータなどによる予測技術の向上，科学技術の発達により，天気予報の精度もよりエビデンスの取れたものに近づいているように見えます。朝起きて，今日は布団が外に干せるかなとか，今日は傘を持っていく方がよいかなと思ったときには，テレビやスマホでさっと調べて，すぐに自分に必要な情報を得ることができるようになっています。

逆に考えると，テレビやスマホなどがないと，天気を予測するのは難しいと言えるかもしれません。では，先人たちはどうやって天気を予想していたのでしょうか？

先人たちは実際の空模様を見たり，自然の変化に敏感な虫や動物，植物の様子を観察したりして天気を予想しました。そういった経験を積み重ね，伝承されてきた知恵が「観天望気」であり，「天気俚諺」なのです。

雲や風などの様子から天気を予想する「観天望気」

電波の悪い山中などで，山の天気の変化を捉えるのに「観天望気」は役立ちます。山の天気が変わりやすいのは，日本の上空で，偏西風と呼ばれる西よりの風が南北にうねるように変化し，高山の天気に大きな影響を与えているからです。また，風向きによっても大きな影響を受けるため，山の天気は変わりやすくなっています。他にも，山の上に行くほど気温が急に下がるときには山を越えて強風が吹き下ろす「おろし」が発生しやすく，山の上の方に暖かい空気，下の方に冷たい空気があるときには山と山の間に風が集まって強風が吹き上げる「だし」が発生しやすくなります。

山内（2004）は，次のようにまとめています。

霧…山の東側の谷から霧がふきあがると晴れ，西側や東西両側からふきあがると天気がくずれやすい。

雲…旗雲やたき雲などが現れると晴れ，レンズ雲やつるし雲，かさ雲，くらげ雲などが現れると天気がくずれやすい。

音…空気がしめって，遠くの物音がよく聞こえるようになると，天気がくずれやすい。
風…高山では，北よりの風向きのときは天気がよく，南よりの風がふくとくずれやすい。
気温…一日の気温の差が大きいときは天気が安定し，小さいときはくずれることが多い。

天気に関することわざ「天気俚諺」

「天気俚諺」とは，天気に関することわざであり，先人が経験から生み出した短期予報のやり方です。天気俚諺の中には科学的に充分納得のいくものもあれば，非科学的なものもあります。天気俚諺の中にも意外と役立つものがあり，時には意味深いものもあります。

飯田（1977）によれば，次のようなものがあります。「夏の夕焼け，田の水落とせ・秋の夕焼け，鎌を利げ」（夏の夕焼けは雨，秋の夕焼けは晴れという意味です。）「羊の毛が湿ってくれば雨か曇りとなる」あなたはどんな「天気俚諺」が思いつきそうですか？

〈引用・参考文献〉
・一般社団法人日本アイスクリーム協会「アイスクリーム白書2018」2019，p.12
・山内豊太郎『調べ学習・自由研究に役立つお天気まるわかりBOOK』成美堂出版，2004．pp.72-73
・飯田睦治郎『実戦・観天望気　山の天気を知る法』東京新聞出版局，1978，pp.140-157

（宮澤　尚）

雷は，人間の身体もねらってくる?!

どんな場面で使える？

夏の風物詩，雷についての豆知識を通して，雷の発生や身近な生活への影響を考えることができます。また，俳句や川柳をつくってみる場面でも楽しめます。

雷って？

雷は，発達した積乱雲によって生じる現象です。「入道雲」や「雷雲」（らいうん，かみなりぐも）とも呼ばれますが，積乱雲は夏によく見られる，もこもことした湧き上がっているように見える雲です。

夏の積乱雲の高さは1万mを越えることもあります。雷が発生すると激しい雨が降り，雹・突風・竜巻などを伴うこともあります。

フランクリン・ジャパン「雷ぶらり」によれば，積乱雲は複数の上昇流域と複数の下降流域でできています。一つひとつの上昇流や下降流の直径は5～10kmで，寿命は20～60分程度だそうです。

さて，雷が自分のいる場所の近くで落ちたとき，雷が落ちた場所までの距離は，どのようにして求めることができるでしょうか？　光のスピードは，１秒に30万km（30万km／秒）。音のスピードは，１秒に340m（340m／秒）です。光が見えてから音が聞こえるまで，３秒だとすると，落雷があったのは，

340m×３＝1020m

離れたところ。つまり，

340m×（光ってから音が聞こえるまでの時間：秒）

で計算できます。

落雷時に停電が起こるのはなぜ？

雷は，ご存知の通り，電気です。したがって落雷と言えば，雲にたまった電気が地面に流れる現象ということになります。電気が通りにくい空気の中を無理やり通って地面に流れようとしているため，どこか早く地面に到達しやすいところを見つけて流れようとしています。そのため，例えば，雲からの距離が他より短くなる出っ張ったところを見つけると，喜んでそこに流れようとします。

私たちが日常使用している電気は，一般的に，電力会社の発電所で発電しています。その発電所でつくられた電気は送電線を通り，途中の変電所で電圧を整えながら，一般家庭や工場まで送られます。送電線や鉄塔を山などで見たことがあるでしょう。

雷側からすると，そうした鉄塔などが大好きなのです。逆に鉄塔の方も，「落ちてくれて構いませんよ」というふうに，鉄塔の一番高いところに送電線以外の１本の電線を

用意しています。これを「架空地線」と言います。架空地線は，電気を家庭などに送る目的ではなく，落雷を誘導し，なるべく送電線などに落ちないようにする避雷器の役割をしています。

時には，送電にかかわる機械などに雷が落ち，破損によって停電が生じることもありますが，送電線に雷が落ちた場合，電気会社は一度送電を打ち切って入れ直します。もちろん，瞬間技でそれをやってのけます。この短い間，電気が通らない状態を「瞬時電圧低下（略して瞬低）」といいます。通常では，瞬間の出来事なのでわからないですが，コンピュータ内蔵の電化製品などは，この瞬低の影響を受け，誤動作を起こすこともあります。

人の身体にも

雷は，大きな鉄塔だけでなく，高い樹木などにも落ちやすいです。また，海や平地など高いものがない開けた場所にも落ちる可能性があります。もちろん，戸外にいる人もターゲットになります。

人間の身体は，電気を通しやすい性質なので，直撃を受けると，死亡する確率が大変高く危険です。他のものから電流が伝わってくる衝撃もあります。ですから，雷がゴロゴロと鳴っているときなどは，手に持っている傘や釣竿，ゴルフのクラブなどを高く掲げることや背の高い樹木のそばに身を寄せることは避けましょう。

また，雷の電流が流れることで大地に電圧が発生します。

人が落雷地点近くにいた場合，開いた両足の幅にその電圧がかかるため，血管を通して電流が流れ，心臓をけいれんさせてしまうことなどがあります（歩幅電圧障害）。足幅を広くしてじっとしているのは危険なので，足幅を狭くする，片足立ちをする，足踏みをするのが被害を受けない対策となります。

俳句と雷

雷はとても危険な自然現象ですが，夏に多く見られることから，俳句の世界では，雷は夏の季語になっています。

「雷に小屋は焼れて瓜の花」与謝蕪村

「ミユンヘンの雷なつかしきものと聞く」稲畑汀子

「富士裾野雷神落ちし火の柱」山口誓子

「遠雷に小走りとなる別れかな」林曜子

雷に関する言葉（雷鳴，雷光，迅雷（じんらい），いかづちなど）を使って，俳句をつくってみてはいかがでしょう？

〈参考文献〉
・フランクリン・ジャパン　雷ぶらり「雷の知識」
https://www.franklinjapan.jp/raiburari/knowledge/
・Electrical Information「【電源トラブルの種類】停電・瞬停・瞬低・サグなどの違いと特徴など」
https://detail-infomation.com/power-problems/
・TECH COMPASS 山羊教室「停電の基礎知識と対策　2時間目『停電の種類』とは？」
https://techcompass.sanyodenki.com/jp/training/power/ups_basic/002/index.html
・季語めぐり　～俳句歳時記～「雷（夏の季語：天文）」
http://haiku-kigo.com/article/216472814.html

（松田　雅代）

火事のときでも
使っちゃいけない消火器がある?!

どんな場面で使える？

防災意識が高まる昨今，消火器の扱いも身につけておきたいものです。多くの子どもが興味をもって学ぶ「燃焼の仕組み」に併せて扱うと，理解の相乗効果が期待できます。

初期消火

目の前で火災が起きたとき，あなたならどうしますか？たいていの場合，火元に対して，火を消す，また火が広がらないように働きかけますね。これが，初期消火と呼ばれる行動です。

その行動の中心は，「燃焼の条件」を取り除くことにあります。温度を下げるように冷たい水をかけたり，燃焼を助ける酸素と接しないように蓋をして遮断したり…と。そうした初期消火には，消火器も大変役立ちます。家や学校，ビルなどによく見かけるホースがついた赤くて固いボトル状のあれです。身近にあれば，それだけ安心ですが，すべての消火器が初期消火に役立つとは限りません。消火器にもいろいろな種類があって，火災のタイプによって適用が分かれているのです。

消火器の種類

消火器には，注水などによって冷却し，燃焼温度を奪って消火する冷却作用を応用したものや酸素を遮断するか，その濃度を薄くして消火する窒息作用を応用したもの，燃焼反応を抑えて消火する抑制作用を応用したものがあります。また，日本の消防法では，消火器は３つのタイプに分かれています。最近新しくなった火災適用表示マーク（業務用）も合わせて解説しますと次のようになります。

Ａ火災（普通火災）用消火器…一般的な火災で，紙や木などが燃えて起きた場合に使用する（表示マーク：白地に黒いゴミ箱・たき木に赤い炎のイラスト）。

Ｂ火災（油火災）用消火器…油，ガソリンなどによる火災に使用する（表示マーク：黄色地に黒い灯油缶・流れ出た油に赤い炎のイラスト）。

Ｃ火災（電気火災）用消火器…電気設備の火災に使用可能（表示マーク：青地に黄色の雷のイラスト）。

薬剤別に分けると，粉末系消火器（速効で火の勢いを抑える），水系消火器（冷却効果が高い），ガス系消火器（二酸化炭素による窒息効果を活用）となります。この中の水系消火器で泡状のものは，感電の危険があるので，高電圧の電気設備などの火災への使用は避けられています。純水が主成分となっている水系消火器も，Ｂ火災には不適です。その一方で，粉末の消火薬剤を用いたもので一般に普及しているＡＢＣ粉末消火器（主成分：アンモニウム化合物）は，広く適用されています。

消火器の使い方

皆さんの自宅（室内）で，急な火災が生じたとき，初期消火のための消火器の使い方は，次のようになります（ホースつきタイプの消火器が近くにあった場合）。

1　消火器を持ってくる…火災が起きている場所近くまで壁や家具などにぶつけないように注意して運びます。

2　黄色の安全ピンを引き抜く…それほど力はいりませんので，あわてず，確実に引き抜きます。

3　ホースを火元に向けレバーを強く握る…ホースの先端を取りつけ部分から外し，火元に向けます。ホースの途中部分を持つと放射の際にかかる圧力などでねらいが定まらないときがあるので，先端を持ってレバーを握ります。消火器を置いて操作してもかまいません。

4　火の根元をねらって手前から…ほうきで掃くようなイメージでホースを動かし，薬剤を撒きます。このとき，火災が起きている部屋の出入り口を背にして，逃げ道を確保しておくようにします。

注意しておきたいことは，消火器による消火はあくまでも初期消火です。火が大きくなり，天井あたりまで火が上がってきたなら，速やかに逃げることが大切です。逃げる際は，火が広がらないように「燃焼の条件」を意識して，可燃物の撤去やドア・窓などを閉めることを忘れないようにしましょう。ただし，自分自身を含め，居合わせた人たちの安全確保が最優先であることに変わりありません。

消火器にまつわる諸注意

消火器の設置場所については，通行または避難に支障がなく，必要時にすぐに持ち出せることや床面からの高さが1.5m以下にし，「消火器」の標識が見えやすいようにすることなどが決められています。また，消火器に表示されている「使用温度範囲」内の場所に設置，高温・多湿場所，日光・潮風・雨・風雪などに直接さらされる場所などでは，防護処置をとるようになっています。

消火に役立つもの

消火器以外に役立つものとして，消防法及び関係政令で定められた簡易消火用具があります。具体的には，消火バケツ（水８Ｌ以上の専用バケツ３個），消火水槽（80Ｌ以上の水槽に８Ｌ入り消火専用バケツ３個を併置），消火砂（50Ｌ以上の１塊にスコップ１個を併置）などがあります。また，160Ｌ以上の１塊にスコップ１個を併置した「消火ひる石」「消火真珠岩」といったものもあります。これらも「燃焼の条件」を満たさない工夫としてあります。消火器と併せて，備えておきたいですね。

〈参考文献〉
・一般社団法人日本消火器工業会「消火器の選び方」
https://www.jfema.or.jp/about/choice
・東京消防庁「消火器の使用方法」
https://www.tfd.metro.tokyo.lg.jp/hp-fucyu/information/20190418.pdf
・一般社団法人東京防災設備保守協会「消火器・簡易消火用具」
http://www.hosyu-kyokai.or.jp/shoukakikannishouka.html

（清邊　和成）

火を近づけても燃えない紙がある?!

どんな場面で使える？

紙に火をつけると燃えますが，紙の温度を下げることで火がつかないことがあります。物の燃え方を考えるときにどんな条件が必要なのかを考えることができます。

燃えない紙とは？

身の回りにある紙に火を近づけたらどうなるでしょう？やってみるとわかりますが，炎を上げながら燃えていくと思います。しかし，同じ紙でも「ある条件」があれば燃えないことがあります。

それは，紙でつくられた１人用紙鍋です。防水性の紙でつくられた鍋に１人前の具材を入れて，固形燃料で加熱して調理することがあります。料理店や旅館で見られることが多く，固形燃料の炎は紙鍋の底にしっかりと当たっています。それなのに，紙鍋は燃えずに，鍋の中の具材が温まり，上手に調理されていきます。

燃えるために必要な条件は

燃えるはずの紙が，燃えないのはどうしてでしょう？

ここでは,「温度」が関係しています。物が燃えるためには,「燃えるもの」と「酸素」が必要であると学習します。たき火を行うときや,バーベキューで使う炭火に火をつけるときにうちわで空気を送るのはそのためです。「燃えるもの」である木や炭に空気中の「酸素」を送って燃やしているのです。燃焼に必要な酸素が十分あるので,物が燃え続けることができるのです。

さらに,燃えるために必要な「温度」が維持されていることも燃え続けるのに必要な要素になります。そして,火を消すときにはこの要素のうちの1つでも取り除けばよいのです。火を消す方法として,水をかけるというのが最も用いられることでしょう。これは,水が一番手軽に燃えているものの温度を下げられるからです。

紙鍋は,何も入れずに火を近づけたら燃えます。これは,火をつけたときに紙自体が紙の燃える温度に達し,そのまま燃え続けるからです。しかし,水と具材を入れて鍋料理をすることで紙鍋の中には水分を含んだものが入っている状態になります。具材と紙鍋は接しているので,火で熱しても紙鍋自体の温度は,中の具材の水分が沸騰する100℃ほどまでしか上がりません。

そのため紙には火がつかず,炎が出て燃え上がることはないのです。もし紙鍋の中の水分が蒸発し,温度が上がれば紙鍋は燃えてしまいます。

同じようなことは,乾いていない木では,たき火がやりづらいことにも当てはまります。木が湿っているときには,火がつきにくいです。最初に細い木に火がついても，何もせずにしばらくすると，煙を出して段々炎が小さくなっていき，次第に火が消えてしまいます。これは木の中に水分が含まれていて，火がつこうとするときに水分が蒸発して温度が奪われるためです。たき火で使う薪は，よく乾燥したものを使わないと綺麗に火が燃え広がりません。

温度と発火の関係

水の入った紙鍋が燃え上がらないことと反対に，温度が上がれば炎が出るという温度にかかわる燃焼の現象もあります。天ぷら油による火災が例に挙げられます。

天ぷら油による火災は，ガスコンロの炎が燃え広がって油が燃えているとは限りません。天ぷら油を使って調理するときの最適温度は，160〜180℃です。火力を調節しながら，天ぷらを調理していくと，冷えている具材が鍋に投入されているので，急激に温度が上昇することはありません。しかし，新たな具材が投入されずに加熱され続けると，鍋の中の油の温度はどんどん上昇します。そして，油の種類によって異なりますが，350℃程度まで上がると自然発火して炎が上がってしまいます。これはガスコンロに限らずIH ヒーターでも同様のことが言えます。

最近の調理器具は，このような火災を防ぐために，温度センサーをつけて，調理中の器具の温度をモニターできるものがあります。調理中に温度が上がりすぎると自動的に加熱を停止する「加熱防止装置」と呼ばれています。

火起こしでは火を起こすときに，木と木を擦り合わせて行うものがあります。木同士を擦り合わせることで，摩擦熱が発生します。擦る作業を続けることで木が削れて，摩擦熱が発生し続けます。この摩擦熱が大きくなってくると，削れた木の一部が赤い火種となって出てきます。火種は，炎は出ていませんが，火種が消えないように上手に空気を送り続けて，近くに燃えやすいものを置いておくと炎が上がります。

この火起こしは，燃えるための条件を上手に整えられたときに初めてうまくできます。

温度と燃えることを考えると

火をつけたときに燃える・燃えないが決まるためには，「燃えるもの」であるかだけでなく，そのものの近くに「酸素」があるかどうか，また，燃えるための「温度」になっているかがかかわっていたことがわかったと思います。

物が燃えるための温度を「発火点」といいますが，発火点は物によって異なります。発火点が低ければ燃えやすく，高いほど燃えにくいものと言えます。燃えにくい性質をもった「難燃性」の素材は防火用品にも応用されています。

〈参考文献〉
・Suzie「普通の紙でも鍋になる！水が100度でも火がつかない驚きの仕組み」
http://suzie-news.jp/archives/13883

（古池　秀行）

「無色」と「透明」は意味が違う?!

どんな場面で使える?

理科でよく使われる「無色透明(むしょくとうめい)」など，普段何気なく使っている言葉の意味を知り，使い分けるきっかけとして考える場面で使えます。

「無色透明」とは

教科書の「水溶液の性質」の単元で，「無色透明な水溶液」という表現がよく使われます。

皆さんは「無色透明」という言葉の意味を知っていますか？

英語では“Colorless and transparent”で，日本語に訳すと「無色，透明」です。日常的に使っている簡単な言葉のようにも思えますが，実はみんなが使っている辞典にもその語句単体での意味はなかなか記載されていません。日本で最大規模の国語辞典と言われている『日本国語大辞典』にはその意味が記載されており，「液体などで，色がなく，すきとおっていること」とあります。

「無色」と「透明」のそれぞれの意味は何でしょう？

「無色」と「透明」

「無色」と「透明」，同じような意味にも思えますが「無色」は「色がついていないこと。また，色をつけないこと」であり「透明」は「すきとおってにごりがないこと。すきとおって見えること。また，そのさま」とあります（日本国語大辞典)。ですから，「無色」であり，なおかつ「透明」でもある場合に「無色透明」と言うことができます。

同じ意味で「水溶液の性質」の単元では，「透明で，色がついていない」という表現があります。たとえ透明であっても色がついていたらそれは「有色透明」と言えます。

無色とは色がついていないことということはわかったのですが，薄い色がついていた場合，どこまでが有色でどこまでが無色となるのでしょう？　また，誰がどのようにして判断するといいのでしょうか？　測定する機械があるのでしょうか？

少し色がついていても「無色」？

医薬品の規格基準書である（第一七改正）日本薬局方では，無色かどうかを判断する基準が示されています。

「無色と記載したものは無色又はほとんど無色を示すものである。色調を試験するには，別に規定するもののほか，固形の医薬品はその１ｇを白紙上又は白紙上に置いた時計皿にとり，観察する。液状の医薬品は内径15㎜の無色の試験管に入れ，白色の背景を用い，液層を30㎜として観察する」とあります。つまり，人の目で，しっかりした基準のもとで判断するということです。ここで，「ほとんど無色」も無色に含まれると記載されているのはどういうことでしょう？

実は無色ではなく，ほんの少しだけ有色であっても，人間の目で感じなければ無色とみなす，といったところでしょうか。

「無色澄明」って

透明と似た言葉に澄明があります。意味は「水・空気などが澄みきっていること。澄みきってあきらかなこと。また，そのさま」（日本国語大辞典）で，透明とほぼ同じ意味で使われます。医薬品を扱う場合には透明でなく澄明という言葉を使うよう定められています。

例えば，先述した日本薬局方によると，「精製水」は「無色澄明の液」との説明があり，点滴などに使用される「ブドウ糖注射液」は「表示濃度が40％以上のとき，色調は無色～微黄色澄明の液」とあります。微黄色澄明とは，薄黄色で透き通っていることです。また，食品や化粧品，医薬品などに使われている「グリセリン」については「無色澄明の粘性の液」とあり，無色で透き通っており，粘りけのある液体ということがわかります。

「透明（澄明）」はどうやって測定するの？

日本薬局方では，無色と同様に澄明性を判断する基準も示されています。「液状の医薬品の澄明性を試験するには，黒色又は白色の背景を用い，前記の方法を準用する」とあります。無色同様に人の目で判断するということです。

「におい」にも定義はあるの？

単元「水溶液の性質」では，においの有無も調べますね。日本薬局方では，においを判断する基準も示されています。

「においを試験するには，別に規定するもののほか，固形の医薬品１ｇ又は液状の医薬部外品１mLをビーカーにとり，行う」とあります。ここでも，「無臭又はにおいがないと記載したものは，においがないか，又はほとんどにおいがないことを示すものである」とあります。

実はほんの少しだけにおいがあったとしても，人間の嗅覚で感じなければ無臭とみなす，ということです。わずかな誤差も許さないといった規則ではなく，ある程度の幅をもたせてくれているところが，人間の諸感覚を信頼してくれているようで面白いですね。

〈引用・参考文献〉
・文部科学省『小学校学習指導要領解説理科編』東洋館出版社，2018
・『日本国語大辞典　第二版　第九巻』小学館，2001
・『日本国語大辞典　第二版　第十二巻』小学館，2001
・厚生労働省「日本薬局方」
https://www.mhlw.go.jp/stf/seisakunitsuite/bunya/0000066530.html
・薬事法第十四条第一項の規定に基づく承認不要医薬部外品基準
http://www.japal.org/wp-content/uploads/mt/19970324_54.pdf

（稲井　雅大）

アジサイは七変化の異名をもつ?!

どんな場面で使える？

「七変化」という名をもつ植物があります。１人の役者が次々と早変わりをして踊るように，花色が変わる花木です。実は，色の変化には土壌の酸度が関係しています。

別名「七変化」

花色は青や紫，白，ピンク，赤と様々で，庭植えや鉢植えで栽培され，古くから日本人に親しまれてきた花木です。梅雨に咲く花で，日本の四季を語るうえで欠かせない植物といえば…，そうアジサイです。アジサイは「七変化」という別名をもっています。アジサイの代表的な花言葉は「移り気」「浮気」「無常」で，お祝い事の場面では距離が置かれていましたが，色ごとには「青＝辛抱強い愛情」「ピンク＝元気な女性」「白＝寛容」という花言葉も広まり，最近では母の日のギフトや結婚式のブーケにも使われるようになりました（フラワーギフトの日比谷花壇）。

アジサイの名は，ガクアジサイの青い小さな花が集まって咲く様子から「集(あづ)」と藍色の花を意味する「真藍(さあい)」が合わさり「集真藍(あづさあい)」になり，「アジサイ」と変化したという説があります。

アジサイの漢字表記は「紫陽花」です。これは平安時代の歌人兼学者である源順が編纂した百科事典『倭名類聚抄』に起源があるようです。源順は，中国・唐の時代の詩人白楽天（白居易）の漢詩集『白氏文集律詩』の漢詩「紫陽花」から解釈し和名「安豆佐爲」としたようです。しかし，当時の中国にアジサイはなく，白楽天の漢詩には「色ハ紫デ気ハ香バシク」という記述があり，香りの少ないアジサイと「紫陽花」は別の花であるという説が有力です。つまり，源順の勘違いということのようです。その後の辞書も『倭名類聚抄』にならい，アジサイの漢字には「紫陽花」が当てられ，広まったと考えられていますが，勘違いとはいえ，イメージにぴったりの漢字だからこそ，定着したとも考えられます。

他にも，アジサイの薬用では，花は解熱，葉は三日熱に効くと言われています。お釈迦様の誕生日である４月８日の花祭りに振舞われる甘茶は，ヤマアジサイの一種アマチャの葉でつくられるお茶で，昔から健康茶として飲まれています。アジサイは，古くから日本人にとって身近な花木だったということができます。

アジサイの「七変化」と水溶液の性質

世界で花木として一番生産量が多いのはアジサイだそうです。タネから育てると４～５年で花が見られますが，アジサイを増やすには，さし木やとり木が一般的です。花びらに見える部分は，実際にはガク片（花弁）が大きくなったもので，この装飾花は一般にアジサイで「ガク」と呼ばれる部分です。雄しべと雌しべの両方を持ち，受粉するのは装飾花のような大きなガク片を持たない部分で，「両性花」と呼ばれます。

さて，アジサイの花弁は，濃い青から薄いピンクや紅色にまで幅広い色をつけますが，この色を，好みの色にすることはできるでしょうか？

答えは「はい」です。『趣味の園芸』(NHK 出版，2018)によれば，土壌が酸性に帯びていると，アジサイの花の色は，青みがかってきて，アルカリ性に傾くと赤みを増してくるのだそうです。これは，リトマス試験紙での反応と反対ですね。このカラクリは，アジサイの花に含まれるアントシアニンにあるようです。酸性土壌では，アントシアニンは青みがかるため，花色は青色に変化します。逆にアルカリ性の強い土壌では，アントシアニンの元色（ピンクや赤色）が現れてきます。

ホームセンターなどでは，青アジサイや赤アジサイを咲かせるために調整された土も販売されています。一例を見てみると，青アジサイ向けの土は赤玉土，鹿沼土，ピートモスなどが使われています。青色に発色されるようにアルミニウムが多く含まれる原料で製造され，pH5.5前後に調整されています。赤アジサイ向けの土はピートモス，クリプトモス，パーライトなどが使われ，アルミニウムを含まない原料で製造・調整（pH6.5前後）されています。

さらに，咲き始めと咲き終わりの花の色が異なることがあります。発色は様々ですが，その全容は未だ解明されていないそうです。

古くから日本人に親しまれたアジサイが「七変化」という異名をもつ理由も，何だか納得できますね。

〈参考文献〉
・フラワーギフトの日比谷花壇「母の日に贈りたいあじさい（紫陽花）の花言葉と種類」
https://www.hibiyakadan.com/lifestyle/m_0018/
・由来・語源辞典「紫陽花」
http://yain.jp/i/ 紫陽花
・日野製薬「アジサイ（紫陽花）」
https://hino-seiyaku.com/blog_crude_drug/flower/post_27.php
・インナチュラル「紫陽花をどうしてアジサイと呼ぶの？名前や花言葉の由来は？」
https://www.in-natural.style/green-dictionary/hydrangea-origin/
・川原田邦彦『NHK 趣味の園芸12か月栽培ナビ⑨アジサイ』NHK 出版，2018

（宮澤　尚）

綱渡りは棒の長さが生命線?!

どんな場面で使える?

力を加える位置や力の大きさと，てこを傾ける働きやつり合いについて学習する場面で使えます。身の回りの現象に興味・関心を広げ，体を使って体感することができます。

サーカスの綱渡りとてこ

サーカスなどで綱渡りのとき，長い棒を手に持っているのをよく見かけます。長い棒を持っていると，棒が邪魔になり体の動きをにぶくさせてしまい，やりにくいような気もします。

なぜ，このような長い棒を持っているのでしょうか?

両腕を水平に広げておくと，倒れようとする運動はゆっくりになるので，その間に崩れたバランスを取り戻すことができて安定するということは感覚的にわかりますよね。それと同じように，長い棒を持てば，棒が長いほど倒れようとする運動はゆっくりになるため，バランスを取り戻しやすくなります。

また，棒を持てば体でバランスをとるということばかりではなく，手で棒を左右に移動させて重心を移動させることもできるという利点もあります。重心を移動させることによって，全体の重心を綱の上に保つことができれば，綱から落ちることはありません。つまり，棒を左右に動かすことは，重心の位置調整につながっていくのです。

次の図は，バランスを崩して棒を左右に移動させて重心を調整しているところのイメージです。下向きの矢印を書き込むとしたら…棒を左右に動かしたことで，バランスがとれることが何となくわかりますね。

棒を持った綱渡り

さらに，棒の遠い部分は重さで湾曲するため，棒全体の重心は低くなります。回転中心からの距離が短くなるため，さらに安定性を高めることができます。棒を少し回すと，体はその反対方向に回っていきます。そうした調整によって，常に綱上に重心をキープできるように調整されていきます。また，振る棒が長くて重くなるほど，その反動の力は大きくなるので，わずかな動きで大きな重心調整ができます。

棒が長くて重くなるほど，棒を振ったときの反対に動こうとする力は大きくなり，より小さな動きで大きな重心調整ができるようになります。

やってみよう！

目を閉じて片足で立ってみましょう。初めは両腕を体にくっつけた「気をつけ」の姿勢で片足立ちをしてみましょう。すぐにぐらぐらして，倒れてしまいそうになりますよね。次に，両手を横に広げて片足立ちをしてみましょう。「気をつけ」のときよりずいぶん楽に立っていられると思います。さらに，用意できるなら水を入れたペットボトルなどのおもりを両手に持って，手を広げてみましょう。より安定すると思います。

重いものを手に持って上下に動かすとき，体から遠くにあるものほど動かしにくいですね。それと同じことなのです。この場合は，腕という物体が体の傍にあるか遠くにあるかということです。

さらに，倒れるということは，体が足を中心に回転するということです。つまり，腕を体から遠いところにおくということは，体が回転しにくくなるということなのです。これは，物体が回転の中心から遠いところにあるほど回転運動に時間がかかるからなのです。

この性質は，様々な回転に関係する運動で共通に見られるものです。

フィギュアスケートでも

　スケート選手が演技をしているときの腕の使い方をよく見てください。スケート選手は，速くスピンをしている間やジャンプして回転しているときには腕を体にくっつけて小さく回っていますが，ゆっくりと回転しているときはジャンプした後は腕を広げています。

　このことから，回転の速さと腕の位置の関係を理解することができると思います。つまり，速く回転しているときは体を小さく，または丸く屈めていて，回転をあまりさせたくないときには，体を大きく伸ばした姿勢をとっています。

　体操での空中での回転や水泳の飛び込みなどでも，同じようなことが言えるでしょう。このような観点で運動を見ることも，面白いですね。

〈参考文献〉
・NHK 高校講座ベーシックサイエンス　ライブラリー「第20回　科学の大運動会！」
https://www.nhk.or.jp/kokokoza/library/tv/basicscience/archive/resume020.html
・知力空間「つなわたりや平均台でバランスを保つ秘訣」
https://cucanshozai.com/2017/05/balancing-tightrope.html
・ころころブログ「【考えてみた】綱渡りで長い棒をもつとなぜバランスを取れるのか。」
https://wakahage-oji.net/bou-balance/

（坂田　紘子）

ニンジンにも「てこの原理」が見える?!

どんな場面で使える？

生活の中では，てこの原理が利用された道具にあふれています。ここでは，てこの仕組みや，つり合いについて考えてみましょう。

てこの仕組み

てことは，国語辞典で調べると「支点を利用して，小さな力を大きな力に変えて思いものを動かす棒，または，そのようなしかけ」と説明されています（小学新国語辞典）。「てこでも動かない」ということわざもあります。どんなことをしても気持ちを変えない，という意味です。

てこは，作用点，支点，力点で成り立っています。支点からのそれぞれの距離によって力の働きが変わってきます。釘抜きでは，支点から作用点までの距離が短く，支点から力点が長くなっています。そのため，軽い

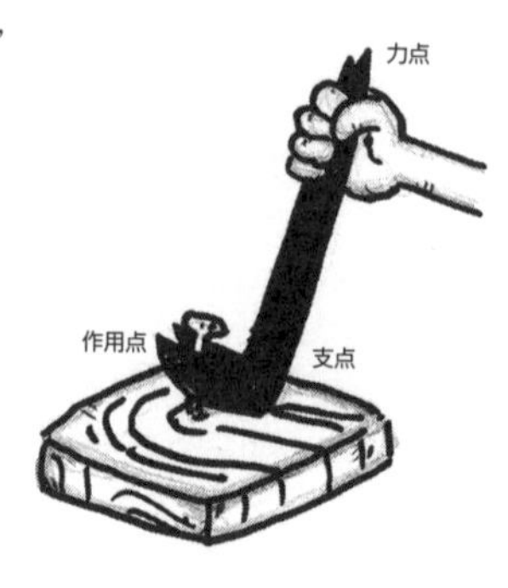

釘抜きの仕組み

力で釘を抜くことができます。このように，支点からの距離によって，働く力が異なってきます。

つり合うとは

つり合うとは，国語辞典で調べると「おたがいの力や重さ等が同じである」と説明され，てんびんがつり合うというように用いられます（小学新国語辞典）。

次のように棒の左右に同じ重さのおもりを吊るし，棒の中央に糸を巻いて吊るした状態です。棒は床に対して水平になり，つり合っている状態であると言えます。

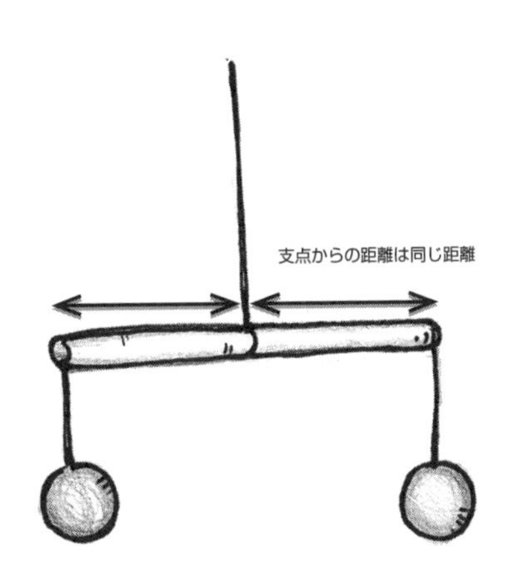

左右の重さは同じ重さ

計算式で表すと，

働く力の大きさ

＝支点からの距離×力の大きさ（重さ）

となります。

図では，左右の傾ける働きの大きさが計算で等しくなるため，つり合うことになります。

つり合った，ニンジン

左右で形が違うニンジンも，次の図のようにつり合います。

このとき，つり合った場所を切ってみると，重さはどうでしょうか？

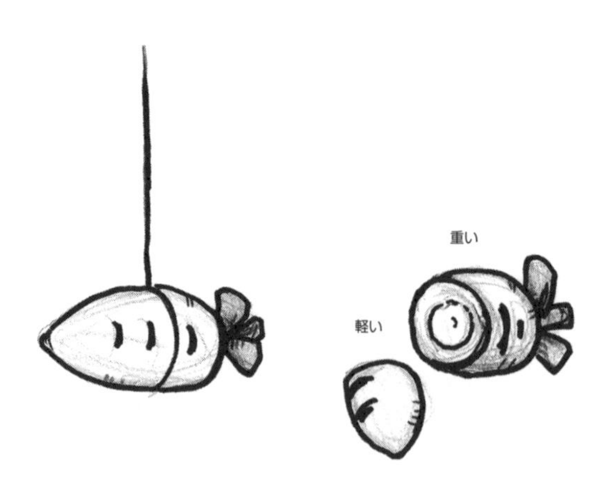

つり合ったニンジンを切ってみる

同じ重さだと思ってしまいますが，実は支点からの距離が短い方が重い結果となります。計算式での「支点からの距離×力の大きさ（重さ）」の関係に当てはまります。ただし，切り離したニンジンの重心までの距離が支点からの距離となります。

力のモーメント

力のモーメントとは，物を回転させる力のことをいいます。

次の図では，レンチ工具を使って，ナットを緩めている状態です。腕の長さによって回転軸に働く力が異なってきます。腕の長さが長いほど，働く力は大きくなります。

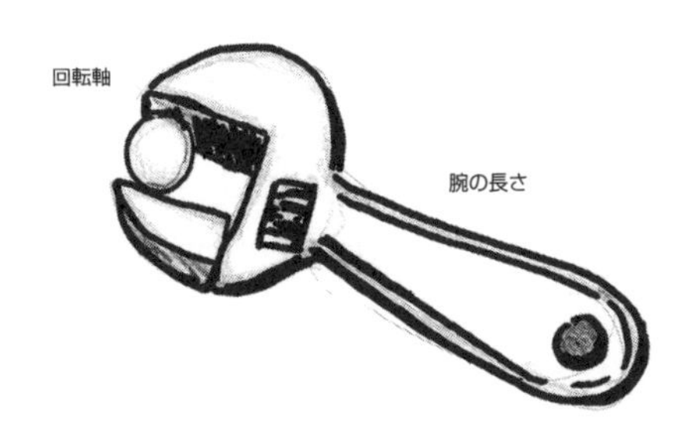

レンチ工具でナットを緩める

てこの働きの発展として力のモーメントについて考えてみるのも面白いです。

このように，てこの原理や面白さは，生活の中にあふれています。そして，あらゆる場面で便利に活用されています。

〈引用・参考文献〉
・甲斐睦朗監修『小学新国語辞典（改訂版）』光村教育図書，2002

（田中　　·磨）

てこの起源は紀元前5000年より前？!

どんな場面で使える？

てこの原理は古くから知られていて，私たちの日常生活の場面で様々な道具として役立っています。わかっていることに再度目を向け，そのよさを深めたい場面で使えます。

道具に生かされるてこ

地震などの災害の際に，大きながれきや木などを，てこを使うことで，電気や燃料を使わずに動かしている映像をニュースで見たことがあるでしょう。救助用のバールや車のジャッキなどがよく使われています。

それらは，てこの規則性を利用した道具です。てこを使うと，小さな力を大きな力に変えることができます。

「やじろべえ」って知っている？

「やじろべえ」を知っていますか？　漢字では弥次郎兵衛と書きますが，日本の伝統的なおもちゃで「釣り合い人形」とも言われ，バランストイ（balance toy）に分類されます。

身の回りの素材でつくることができますので，ぜひ，挑戦してみましょう。材料は，どんぐり３つと竹ひご。形や大きさの違うどんぐりを見つけてきて，いろいろと試してみるのもいいですね。どんぐりの代わりに，粘土，消しゴム，三角形の色板と粘土，紙工作で人形の形にしてもいいです。

やじろべえを立たせるためのペットボトルなども必要です。定規のへりや机の角にも置くことができます。指の上でもいいですね。腕の長さが違うやじろべえをつくってみるのもいいですね。ゆらゆらと，落ちそうで落ちないやじろべえは，絶妙です。

それをつないで吊り下げると，モビールになります。腕の形を変えていくこともできますね。

生活で見られるてこ

では，てこは，日常生活のどんなところで見られるでしょうか？

支点が真ん中にあるものは，工作用はさみ・ペンチ・くぎ抜き・裁ちばさみ・剪定（せんてい）ばさみ・井戸水のくみ取りのポンプ・バール・シーソーなどです。

作用点が真ん中にあるものは，穴開けパンチ・栓抜き・空き缶つぶし器・裁断機・くるみ割り器などです。

力点が真ん中にあるものは，ピンセット・パンばさみ・トング・糸切りばさみ・火ばさみ・ホッチキスなどです。

水道の蛇口，ドライバーの柄，ドアのノブ，自動車のハンドルも小さな力が大きな力になりますね。

昔からあったてこ

歴史の本などで，ピラミッドづくりや城の石垣づくりで重い石を運ぶときの絵を見たことがありますか？　そうです。昔からてこを使ってきたのです。また，時代劇などで魚などをかごに入れ，棒の先に振り分け荷物として前後に吊るし，肩に担いで運んでいるのを見たことがあるでしょう。

このように，様々な場面で用途に応じて使われてきました。

てこでも動かない

ところで，「てこでも動かない」という言葉を聞いたことがありますか？

この「てこ」を使っても，動かないというのです。そこから，「てこでも動かない」は，どうしても動かすことができない，また，どんなに説得しても聞き入れないという意味になりますね。この言葉から，「てこ」のイメージがより強くイメージされますね。

この「てこ」を使った他の慣用句には，どんなものがあるでしょうか？

「てこ入れをする」という慣用句があります。てこを間に入れて試してみる様子を思い浮かべてみましょう。

「弱い箇所を補強して全体が順調にいくようにする。苦しい立場にある者に助力する」（例解慣用句辞典）

驚くことに，てこの原理を用いた「てんびん」の絵が，『死者の書』というエジプトの古文書に描かれています。真理の女神マアトによる死者の裁判で，真実の羽根と死者の心臓がはかりに乗せられ，重さを比較するのに使われています。こうしたことから，てこの起源については，ずいぶん古く，紀元前5,000年以前と考えられています。

てんびんは，その後かなりの時間を要しましたが，竿ばかりや上皿てんびん，台ばかりなど画期的な発明・開発へとつながっていきました。

てこのエピソード

古代ギリシャの科学者であったアルキメデスは，紀元前３世紀頃に起こった第二次ポエニ戦争で，てこの原理を使った投石器（カタパルト）を用いてシラクサの港を包囲したローマ軍の船を苦しめたと言い伝えられています。投石器は，標的に向けて大きな石を投げる武器です。紀元前４世紀ごろには開発されていたようですが，アルキメデスによって改良され，活用されました。

「我に支点を与えよ。されば地球をも動かさん」の名言は，有名ですね。

〈引用・参考文献〉

・井上宗雄監修『例解慣用句辞典』創拓社出版，1992
・株式会社河瀬衡器製作所「はかりの歴史」
https://www.kawasekouki.co.jp/history.html

（松田　雅代）

家庭で使う電気代が「ゼロ」に近づいていく?!

どんな場面で使える？

エネルギーの生み出し方について学びます。その際，環境にやさしい暮らしについて「ゼロ・エネルギー住宅」に目を向けてみるのも面白いです。

「ゼロ・エネルギー住宅」とは？

「ゼロ・エネルギー住宅」とは，住まいの省エネを高めて使うエネルギーを減らし，太陽光パネルを使った発電などを活かして自家発電（創エネ）を行い，そうすることで，家庭で使うエネルギーを自給自足し，エネルギー消費量を限りなくゼロに近づけるという住宅です。

このことを式で表してみると，次のようになります。

（使うエネルギー）－（省エネ＋創エネ）≦ゼロ

ゼロ・エネルギー住宅では，普通に暮らしているだけで，電力消費を抑えることができます。そのため，必要以上に何かを我慢して暮らすという必要はありません。電気代にかかる費用も大変少なくなり，メリットが多いです。だからといって，無駄づかいしてもよいということではありませんが，快適に暮らすことが可能になっています。

では，ゼロ・エネルギーに必要な省エネや創エネについて，もう少し詳しく見てみましょう。

「使うエネルギー」の減らし方：「省エネ」とは？

使うエネルギーを減らすためには，電気をこまめに消す，冷蔵庫の開閉を少なくする，冷暖房の設定温度を適切にするなど，日常生活で手軽にできることもあります。しかし，それだけでは限界があります。それらを助けるために，家屋には床や壁の素材や窓枠の形状などに工夫がなされています。

現在では，高い断熱性をもつ素材が多く使用されていたり，気密性（空気の出入りをなくす）の高い設計が一般化されていたりします。そうすることによって，部屋の温度を一定に保つことができ，冷暖房による電力の消費を極端に抑えることになります。また，LED ランプなどを使用した照明器具をはじめ，最新型の冷蔵庫，エアコン，電子レンジ・オーブンレンジ，さらに洗濯機・掃除機などにも見られる節電タイプの家電開発も，電力の消費を抑えることに役立っています。

これらのことを総じて「省エネ」と言います。

「エネルギー」のつくり方：「創エネ」とは？

エネルギーのつくり方，すなわち発電方法は様々にあります。かつては，火力や水力といった大型施設での発電，また身近なところでは，自転車の発電等のイメージが大きかったと思います。しかし，今では，環境にやさしい発電方法がたくさん開発されています。

その代表的な存在となっているのが，太陽電池です。「電池」となっていますが，電気を蓄える装置ではなく，太陽の光エネルギーを直接電力に変換する変換器や発電機の役割をするものです。太陽電池をつなげたもので，最も小さい単位を「セル」，そのセルを板状につなげていったものを「モジュール」または「パネル」と言います。ここでは，この装置のことをソーラーパネルと呼んでおきましょう。

最近では，住宅の屋根にソーラーパネルが設置されている風景も，珍しくありませんね。発電の仕組みを簡単に説明しますと，太陽から降り注ぐ光エネルギーがソーラーパネルに当たると，パネルを構成している半導体の電子が動き，電気が起きるというものです。光電効果あるいは，光起電力効果と呼ばれる現象です。最近では，発電効率のよい素材が使われるようになり，広い土地を利用したメガソーラーも増えてきています。また，パネルの改良に伴って，蓄電や送電設備の性能も上がってきています。つまり，太陽光という自然のエネルギーを活用し，自分たちが使う電力を自分たちで生み出していることになります。

こうしたことを「創エネ」と呼んでいます。

ソーラーパネルによる発電について，さらに言えば，地球温暖化対策にも効果があるということです。すなわち，太陽光という自然エネルギーの活用は，石油や石炭，天然ガスなど化石燃料の使用量を減らすことにもつながります。また，火力発電のようにエンジンやタービンといった稼働する部分がないため，故障をあまり心配せずに使えることからも信頼性が高く，地球にやさしい安全でクリーンなエネルギーとして注目されています。

他の「創エネ」システム

ソーラーパネル以外には，例えば「風力発電」があります。一定の風が吹けば，昼夜問わずクリーンに発電が期待できます。常に風速に左右されるのが難点と言えば難点です。「地熱発電」もクリーンな創エネシステムと言えます。発電量も変動することもなく，安定している点がメリットです。しかし，場所が温泉地であったり，国立公園の中だったりするので，開発がどんどん進むというわけにはいかないようです。

〈参考文献〉

・松本義弘『ゼロ・エネルギー住宅のひみつ』学研プラス，2018
・ヤマト住建「ゼロエネルギー住宅」
https://www.yamatojk.co.jp/choose/zeh
・経済産業省　資源エネルギー庁「家庭向け省エネ関連情報　省エネ住宅」「再生可能エネルギーとは」
https://www.enecho.meti.go.jp/category/saving_and_new/saving/general/housing/
https://www.enecho.meti.go.jp/category/saving_and_new/saiene/renewable/index.html
・関西電力「太陽光発電について」
https://www.kepco.co.jp/brand/for_kids/teach/2016_05/

（田中　一磨）

電池の分け方はいろいろ ?!

どんな場面で使える？

1873年イギリスで電気自動車が発明され，現代では蓄電池の性能が向上してエコカー普及の原動力となっています。電池のことをさらに学ぶ場面で使用します。

電池の種類や分け方

2019年10月リチウムイオン電池の開発者の１人として，吉野彰旭化成名誉フェローにノーベル化学賞が授与されることが決まりました。スマートフォンなど様々な電子機器で使われているリチウムイオン電池は，電気・ガス・水道と並ぶ社会インフラの１つとなっています。

電池とは，電気エネルギーを化学的に蓄え，放出する装置です。化学反応のエネルギーによる化学電池や，熱や光などの物理エネルギーによる物理電池などがあります。

化学電池には，湿電池と乾電池があります。前者は例えば，薄い塩酸に亜鉛板，銅板を浸してつくるボルタ電池です。２つの板がプラス，マイナスの電極として働くため，導線をつなぐと電流が流れる電池です。後者は，日常生活でもよく使用するアルカリ乾電池やマンガン乾電池などがあります。ちなみに，置時計や赤外線リモコンなど消費電力の少ない機器では，マンガン電池の使用が推奨されています。最近では，アルカリ乾電池はマンガン乾電池の上位互換となっており，アルカリ乾電池でも十分長寿命であったり，電波時計などの多機能な機器では，アルカリ乾電池を指定するものも出ていたりするようです。

また，一次電池と二次電池という分け方もあります。前者は一度使ってしまうと使えなくなるアルカリ乾電池などで，後者は充電をすると再使用できる電池です。二次電池には，リチウムイオン電池「Li-ion」，ニッケル・水素蓄電池「Ni-MH」，ニッケル・カドミウム蓄電池「Ni-Cd」，鉛蓄電池「Pb」などがあります。自己放電，メモリー効果，環境負荷など，様々な観点から研究開発が進み，今日のリチウムイオン電池開発へとつながっています。

経済的な面では初期費用であるイニシャルコストや，維持費用であるランニングコストという視点から，調達・製造・使用・廃棄までをすべて含めた「ライフサイクルコスト（生涯費用）」という視点への転換が求められています。例えば，ニッケル・カドミウム蓄電池は，ラジコンや電動工具などでは現在でも広く使用されていますが，カドミウムが公害の原因となり得るほど低濃度でも極めて強い毒性を示し，ライフサイクルコストの視点で考えると高くなることから，新しい機器ではニッケル・水素蓄電池やリチウムイオン電池への転換が図られています。

法的側面から見ると，「再生資源の利用の促進に関する法律（平成三年法律第四十八号）第十六条の規定に基づき，密閉形アルカリ蓄電池の表示の標準となるべき事項を定める省令を次のように制定する」とあり，「密閉形蓄電池の表示の標準となるべき事項を定める省令（平成五年通商産業省令第三十三号）」において「リサイクル識別表示マーク」が示されています。アルミニウムや紙などと同様二次電池には，製品が廃棄される際，分別収集し，資源として再利用する目印となるマークの表示が義務づけられています。興味深いのは，本省令において，表示には「文字の大きさ」や「表示する記号の面積」まで規定されていることです。

「電気を蓄える」とは

二次電池の話をしてきましたが，電子機器によく使用されるコンデンサーも，電気を蓄えるという意味では電池と共通しているようにも見えます。しかし，仕組みや目的が電池とは異なります。コンデンサーは，２つの金属箔や金属板が絶縁体を挟み込んだものです。この金属に電圧を加えると，金属に電荷が流れ，やがて電荷がそこにとどまる仕組みになっています。高電圧，短時間放電，小電力容量で繰り返しの充電・放電に向いているため，カメラのストロボなどの利用に向いています。逆に，長時間電球を点灯させる懐中電灯には電池が向いているということです。

蓄電とは，電気的なエネルギーが蓄えられている様子のことであり，静的な状態を表す言葉です。充電とは，電気的なエネルギーが入る動的な現象です。つまり，蓄電するために充電が必要なのです。蓄電池は充電式電池とも言いますが，充電式電池を略して充電池と言うので，蓄電と充電が同じ意味だと理解してしまう場合が少なくありません。

蓄電池が使われる環境に優しいエコカー

ガソリンでエンジンを動かすエコカー，電気でモーターを動かすエコカー。ライフサイクルコストも踏まえつつ，企業は車のグレードによって，リチウムイオン電池を搭載したり，ニッケル・水素蓄電池を搭載したりと，価格面でも訴求効果のある自動車を販売しています。

現在，電気を動力とする車は次の３種類が普及しています。エンジンとモーターの２つの動力で走るハイブリッド自動車，自宅や充電スタンドで充電できるプラグインハイブリッド自動車，バッテリーの電力だけでモーター駆動する電気自動車。エコカーの普及に伴い，蓄電池の高性能化，低コスト化などのニーズは高まるばかりです。

〈引用・参考文献〉
・一般社団法人電池工業会　http://www.baj.or.jp/index.html
・電子政府の総合窓口「密閉形蓄電池の表示の標準となるべき事項を定める省令（平成五年通商産業省令第三十三号）」
・独立行政法人環境再生保全機構「大気環境の情報館　地球にやさしいエコカー」
https://www.erca.go.jp/yobou/taiki/kangaeru/ecocar/02.html

（宮澤　尚）

静電気にもプラスとマイナスがある?!

どんな場面で使える?

電気の発見は，静電気がきっかけです。身近な発電である静電気という視点から，学習内容と日常生活とのつながりを実感させる授業で使えます。

古代ギリシャの哲学者「ターレス」が発見

人々は大昔から「電気」に関係する様々な研究を行ってきています。では，電気の研究と言えば，誰を思い浮かべますか?　エジソンが有名ですが，他にも大勢の有名人がいます。その中の1人「ターレス」を紹介しましょう。

電気が発見されたのは，2600年前の古代ギリシャの時代に，「ギリシャ七賢人」の1人でもある哲学者：ターレスが発見しました。「琥珀を布で擦ると，ホコリなどが付着する」ことに気づいたのです。しかし，最初は，「磁気」によるものだと考えていました。

この琥珀の現象が，静電気によるものだとわかったのは，ずいぶん後の16世紀になってからです。

医者でありながら静電気の研究を続けたウィリアム・ギルバート（イギリス）による静電気を裏づける実験や，物理学者のジェラルモ・カルダーノ（イタリア）によって磁気と静電気は違うものだと分けられたことから，ターレスの発見から長い年月を経てようやく琥珀に生じた現象がわかったのです。

なお，ターレスは天文学や測量術の研究もしていました。日食を予言したり，ピラミッドの高さを測ったりしたと言われています。ターレスは数学者でもありました。中学校数学でターレスの定理（円の直径に対する円周角は直角である）を学習します。ターレスは，多くの分野で大活躍した偉大な研究者だったのですね。

「静電気」にもプラスとマイナスがある

では，静電気とはどういったものなのでしょうか？

地球上のすべての物質は，プラスの粒とマイナスの粒を含んでいます。普段は，プラスの粒とマイナスの粒がその中に同じ数だけ入っているので，つり合っていて，安定しています。

しかし，下敷きと髪の毛や，塩化ビニルパイプと布といったように，２種類の異なるものを擦り合わせると，一方にマイナスの粒が移動し，電気的に偏ってしまいます。この状態では不安定なので，早く元の状態に戻りたいと，お互いに思っています。そこで，不安定な状態にある２つのものを近づけると，マイナスの粒が一気に戻ろうとして，電気を通しにくい空気を伝って飛んできます。

この飛び出した電気が静電気です。つまり，プラスの粒とマイナスの粒の行き来が静電気なのです。

２種類の異なるものを擦り合わせると，マイナスの粒が多い方がマイナス，マイナスの粒が少ない方がプラスになります。マイナスとプラスでは引きよせ合い，プラスとプラス，マイナスとマイナスではお互いに退け合います。電気と電気にも引き合ったり，退け合ったりする性質があります。タープレスが考えたように，まるで磁石みたいですね。

物には，プラスになりたがる物とマイナスになりたがる物があります。強くなりたがる物同士を擦り合わせれば，もちろん強い静電気が起こりますね。

例えば，髪の毛に塩ビ管やセロファンを擦り合わせた場合です。髪の毛にガラスを擦り合わせても，どちらもプラスになりたがっている物同士なので静電気は起こりません。また，セロファンで擦ったガラスと羊毛で擦った塩ビ管を近づけると，強いプラスと強いマイナスなので引き合います。セロファンで擦ったガラス２つでは，反発します。

整理すると，プラスになりたがる物を並べると，

1　髪の毛　2　ガラス　3　羊毛

の順になり，マイナスになりたがる物は，

1　塩化ビニル　2　セロファン

ですね。ゴム，鉄などはどうでしょう？

いろいろな物を比べていくと，とても面白い物さしができそうだね。

静電気の強さは？

静電気の強さは，数千～１万Ｖ（ボルト）くらいです。家のコンセントから取れる電気が100Ｖですから，相当強いですね。しかし，静電気は一瞬で（20万分の１秒ぐらいに）流れるため，電気の量としては少ないです。ですが，冬にセーターを脱ぐときにパチッ！と来る静電気はやっぱり痛いです…。

ちなみに，夏よりも冬の方が静電気が起こりやすいですよね。空気に含まれている水分には，電気が流れやすいという特徴があります。冬は空気が乾燥していて，空気に含まれている水分が少ないため，静電気が起こりやすくなっているというわけです。

〈参考文献〉
・エグチホールディングス「【電気の歴史】電気が発見されたのはいつ？だれが発見したの？」
http://eguchi-hd.co.jp/enelabo-elektron-electrical-history/
・学研塾コンテンツネット「10静電気の実験」
http://gokakunet.com/pdf/cram_school/text_sample.pdf

（岩本　哲也）

胃が1つじゃない動物がいる?!

どんな場面で使える?

　臓器の話は小学生に限らず，誰もが興味をもっています。人と他の動物の特徴を比較しながら話が盛り上がると，楽しい気持ちで理解も深まり，効果抜群です。

人の胃

　食べ物や呼吸した空気は，体の外から食道や気管を通って体の内部に入ってきますね。生命維持にはとても大切な活動であることは，言うまでもありません。それにかかわる臓器の働きは，重要です。皆さんにとってあまりに日常のことなので意識しないでしょうが，食べ物の場合，野菜でも肉でもすべて，まず口に入ります。そして，舌などでいろいろチェックされた後，歯で砕かれ，唾液で混ぜられ，原型はある程度留めるものの，やや残念な姿で食道へ押し出され，胃へ送り込まれます。

　食べ物を受け入れた胃は，栄養摂取のために分泌液などを使ってせっせと働くことになります。人の場合，胃は1つしかありませんので，責任重大で，毎日フル稼働しています。時折故障したり，休憩を求めたりするときもあるようです。他の動物もたいてい胃は１つだと思っていましたが，驚くことに，胃を複数持っている動物もいます。

胃を複数持つ動物

例えば，牛がそうです。牛の胃は，大小合わせると４つの胃（第一胃，第二胃，第三胃，第四胃）があります。

牛に食べられた草は，すべて食道経由で第一胃に入ってきます。この第一胃は，４つの胃の中でも最も大きなもので，腹部の大半を占めるほどの大きさです。ここでは，微生物の働きで，届けられた草を発酵・分解して，うまく消化させるために活動します。その後，第一胃からすぐに第二胃・第三胃を通って第四胃に送られるのではなく，いったん，口まで戻されます。そして，グチャグチャと噛みほぐされてから，また飲み込まれていきます。これを反芻（はんすう）と言います。第二胃は，第一胃とつながったコブのようになっていてポンプのように働き，反芻をサポートしています。内面が蜂（はち）の巣のようなひだを持っていることから「蜂の巣胃」とも呼ばれます。反芻されて，ある程度ドロドロになった草は，第三胃へ流れ込んでいきます。

第三胃には，葉っぱのようなヒダヒダがたくさんあり，それによって送られてきた草は水分が除去され，さらに細かくなって消化されやすい形で最終の第四胃へ送られていきます。第四胃は，他の胃とは異なり，人の胃と同じような機能をもっています。つまり，第三胃までには出されなかった胃液を出して，消化活動を行っています。

胃の名前

牛の４つの胃には，それぞれ名前がついています。第一胃は，「瘤胃（ルーメン rumen）」と呼ばれています。第二胃は，先ほども出てきました「網胃，蜂巣胃（レティキュラム reticulum）」です。第三胃は「葉状胃，重弁胃（オマスム omasum）」と言われ，第四胃は皺があることから「皺胃（しわい，しゅうい）（アボアスム abomasum）」だそうです。

焼肉料理店などで聞いたこともあると思いますが，ミノという肉は，この牛の第一胃のことですね。第二胃は，ハチノス（蜂の巣）とそのまま呼ばれています。また，第三胃は，黒っぽくブチブチの凹凸があり，韓国語ではチョニブと呼ばれていますが，日本では，センマイという名前になっています。第四胃は，ギアラと呼ばれていますが，その理由は，いろいろな説があるようです。

…何だか，焼肉の美味しい匂いがしてきそうですね。

牛に似た動物

牛のように，食べ物を反芻する動物は，ヤギやヒツジもそうです。またバイソンやヌーといった動物もその仲間に入ります。キリンやシカもそうで，やはり４つの胃袋を持つと言われています。しかし，キリンの場合，口から入った食べ物を長い食道を経て胃袋に到着し，またそれを口まで戻すなんて…。想像しただけでも，びっくりの食事イベントですね。

胃の後はどうなっている？

複数の胃を持つ牛に再び戻りましょう。牛の場合，胃の後に続く臓器は，どんな臓器なのでしょうか。第四胃を抜けた食べ物は，また同じような臓器がたくさん迎えてくれるのでしょうか。いやぁ，さすがにそれはないでしょう。やはり，牛の場合も人間と同じように，大小の腸という臓器が出迎えてくれます。先に小腸があって後に大腸が待っています。働きもほぼ同様となります。しかしながら，牛の小腸の長さは，腸全体の３分の２ほど占め，40mほどにもなるというから驚きです。

ちなみに肉食動物の代表であるライオンの食道から大腸（肛門）までの消化管の長さは，ライオンの体の約４倍と言われているのに対して，草食動物の牛の消化管の長さは，牛の体の20倍ほどになるそうです。草を食して栄養としていく草食動物には，生命の維持・存続がかかっているだけに，無駄なく効果的に栄養を確保するための臓器を備えていることがよくわかります。

〈参考文献〉
・公益社団法人畜産技術協会「季刊誌『シープジャパン』飼料給与の注意点―反芻胃のしくみ―」
http://jlta.lin.gr.jp/publish/sheep/kiji/41_01.html
・公益財団法人環境科学技術研究所「環境研ミニ百科第42号　反芻動物」
http://www.ies.or.jp/publicity_j/mini_hyakka/42/mini42.html
・コトバンク「反芻胃」
https://kotobank.jp/word/反芻胃-606670
・仙台牛・肉のみやび「超和牛 NEWS　牛の胃袋は４つあるって本当？　それぞれの名前や特徴は？【ホルモン】」
https://niku-miyabi.com/news/stomach/

（溝邊　和成）

人の体もトカゲのように再生する?!

どんな場面で使える？

人の体は，すべて細胞から成り立っています。人の体の素晴らしさを考えるとき，細胞に目をつけてみることも面白いです。

細胞を数えてみると

皮膚も血液も口の中の粘膜も，すべて細胞でできています。自分の体を見ていることは，細胞を見ているのと同じことになります。では人の体は，いくつの細胞からできているのでしょうか？　一般的には，およそ60兆個の細胞からできていると言われています。いろいろな形・大きさの細胞がありますが，例えば，１つの細胞の大きさを１辺１μm（1×10^{-3}mm）の立方体と見なし，細胞自体がほぼ水の成分でできていて，比重も水とほぼ同じ１と見なします。すると細胞の重さは，$1\times10^{-3}\times1\times10^{-3}\times1\times10^{-3}=1\times10^{-9}$（g）$=1\times10^{-12}$（kg）となります。そして，体重60kgの大人なら，$60\div(1\times10^{-12})=6\times10^{13}$（個）となって，細胞が60兆個あるということが言えます。かなりアバウトな数字の操作ではありますね。

最近になり，ある研究者らは37兆2000億個としていますが，今後も研究がなされ，異なる数値が出てきそうです。新たな数値を期待しておきましょう。

１つの細胞からの変化

さて，多くの細胞の生い立ちを概観してみましょう。

まず，母体内の卵子に精子が入って受精します。このときの細胞の数は，もちろん１つ。その後，２細胞から４細胞，そして８細胞と倍ずつ増えます。32細胞以降は，桑実胚と呼ばれます。この頃から卵内の細胞は均等ではなくなり，それぞれの場所に合わせた性質の変化が現れてきます。１つの層となって外側にできた膜は，栄養膜と呼ばれ，子宮内膜と接触して，内部の細胞分裂を保護する働きをします。内部の細胞の塊は，胎児となっていきます。このように受精してからすぐに細胞は分裂し，それぞれの役目を果たしていくのです。

これらは，妊娠間もなくの話ですが，第４～15週の妊娠初期前半の頃には，細胞の分裂・増加によって神経や各臓器などの形成が行われていきます。心臓などもでき，血液が送られるようになっていきます。また次第に，脳の神経細胞が形成されたり，頭や胴体，手足，顔などが分かれたりして，人らしくなってきます。その後も，細胞の分裂・増加を行い，成長を遂げていきます。１㎜も満たない体が１年足らずで50㎝ほどに変身していくのは，すべて細胞の分裂・増加という神技の結果と言えます。

細胞にもいろいろな役割がある

一言で細胞と言っても，いろいろな役割があります。皮膚の細胞は，体の内部と外部とを隔てるバリアとしての役割をもっています。外部より体に与える悪影響から身を守っていることになります。筋肉の細胞は，体を動かす仕組みをつくっています。神経の細胞は，痛みや熱さなどの感覚を脳に伝えたり，脳からの信号を体の各部に伝えたりしています。血液の中の細胞は酸素を運んだり，体の中に入ってきた菌と戦ったりしています。さらに内蔵の細胞は，必要な栄養素を取り入れたり，つくり出したりしています。また，不要なものを分解することも行っています。

体は「再生」する？

ところで，トカゲは身の危険を感じたとき，尻尾を切り捨てて逃げていきます。大切な自分の体の一部を失うのですが，トカゲの場合，尻尾はまた新しくつくり上げられます。これを生物の世界では「再生」と呼んでいます。

人の場合は，トカゲの尻尾再生のようにはいきませんが，やはり再生機能をもっています。例えば，転倒してひざやひじに擦り傷や切り傷ができても，しばらくすると瘡蓋(かさぶた)ができ，最終的には元通りになっていきます。これは「再生」したことになります。このように，トカゲのみならず，人の体にとっても「再生」はとても大切だということがわかります。

再生医療の研究が進んでいる

再生医療とは，臓器など体の各部の病気やケガに対して，その組織を再生し，失われた機能を回復させようとするものです。治療法が確立されていない病気や，医薬品が開発されていない病気に対する新しい治療法になります。

近年では，iPS 細胞に大きな期待が寄せられています。iPS 細胞は，様々な器官や細胞へと分化できる多能性と，ほぼ無限に増殖する力をもっていると言われています。そのため，再生医療の可能性を飛躍的に高めるものとして研究が進められています。

人の体をつくる細胞は，その重要な役割は理解されながらも，まだまだ未知の研究分野であると言えます。未来社会においてさらなる発展を期待したいところです。

〈参考文献〉

・坂井建雄監修『検定クイズ100　人のからだ』ポプラ社，2010
・阿部和厚監修『人のからだ　ジュニア学研の図鑑』学研プラス，2008
・JCRB 細胞バンク「『受精』から『胚盤胞』形成に至るヒト受精卵の初期発生」
https://cellbank.nibiohn.go.jp/legacy/visitercenter/whatsculture/hito_hassei.html
・J-TEC「再生医療のおはなし」http://www.jpte.co.jp/stories/
・京都大学 iPS 細胞研究所　CiRA　https://www.cira.kyoto-u.ac.jp/
・Eva Bianconi, et al., An estimation of the number of cells in the human body (2013), Annals of Human Biology, Volume 40, Issue 6, pp.463-471

（田中　一磨）

1本のブナの木から8ｔもの水がわき出る?!

どんな場面で使える？

吸い上げられる水について自然の不思議さを知り，身の回りの植物と水とを関係づけて知る場面で使用できます。自然への興味・関心が広がっていきます。

ブナの森に水筒はいらない？

ホウセンカなどを使って，植物の体からは，水が水蒸気となって出ていくことを観察しましたね。そのとき，ポリエチレン袋には，予想以上に水がたまっていたのではないでしょうか？　また，ゴーヤやリュウキュウアサガオによる「緑のカーテン」は，日陰をつくることと蒸散の働きで気温を下げることに役立っています。

森林に入ると，ひんやりした空気を感じた経験もあることでしょう。森の木々と水に関係がありそうですね。森を形成する樹林の1つ，ブナの木に注目してみましょう。

ブナは保水力，つまり水を蓄える力が高い広葉樹であると言われています。「ブナの森に水筒はいらない」とか「1本のブナの木から8ｔもの水がわき出る」「緑のダム」などと言われるほどの保水力があります。

なぜ，そのように言われるのでしょうか？

実は，ブナは葉から枝，幹に至るまで，降った雨が流れるような構造になっています。樹幹流（じゅかんりゅう）と呼ばれますが，雨の日には，幹の表面を地面に向かって流れる雨水を見ることができます。驚くほどの水が１本の筋となり流れていますよ。

こうして，地表に集まってくる雨水は，幾重にも積み重なった落ち葉により，水がためられます。根元にある水を木は吸い上げ，葉から蒸散していきます。ここに，保水力の秘密があります。また，根元の水が土壌にしみこみ，ろ過装置となって，何年もして少しずつ湧き出します。私たちに豊かな水を与えてくれます。

日本では，九州・四国から北海道までブナ林が見られます。日本海側の多雪山地によく見られる樹木で，1993年に世界遺産に登録された白神山地のブナ林などは有名です。ブナは，保水力に優れた樹木である反面，乾燥しにくくカビなどが生えやすいということが挙げられます。ブナは，漢字で「橅」と書かれることがありますが，燃料として適さなかったので，このような字が使われたのかもしれないと言われています。昔の技術では乾燥が難しかったのでしょうね。それゆえに，大量に伐採されスギやヒノキの植林に変わっていきました。

今では，朝日連峰，栗駒山，八甲田連峰など，北陸信越地方や東北地方の山々で見られるのみで，高山の少ない西日本では規模の大きなブナ林はほとんどなくなってきています。ブナ林は，大変貴重なものとなってきています。

サボテンは水が少ないところでなぜ生きられるの？

サボテンは，わずかな水分を体内に備え，それをなるべく蒸発させないようにしています。その工夫が「トゲ」です。たいていのサボテンにはトゲがあります。そのトゲは，表面積をできるだけ少なくして水分の蒸発を減らすために変化した葉なのです。また，たくさんトゲを持つことで，日光が茎に当たるのを邪魔したり，細くなった先に空気中の水分を吸い寄せて茎の温度を下げたりするなどの効果もあります。さらにトゲは，草食動物の餌になってしまわないような身を守る役目もしています。

サボテンの多くは，太くて丸みを帯びた茎を持っています。その理由も想像できますね。そう，貯水のためです。茎の中に水を貯める組織が発達し，ねばねばの液を含んでいることで，しっかりと貯めるようになっています。丸みを帯びているのは，表面積をなるべく少なくして，水の蒸発を少しでも減らそうとする工夫の表れです。また，茎の表皮は結構肉厚になっています。これも水分が逃げていかないようにしている工夫です。

サボテンの中でも最大と言われている円柱サボテンは，高さが12〜15mほどの大きさにもなり，その柱の部分には，時として数千kgほどの水が貯えられるそうです。

ところで，サボテンという名前はどこの国の言葉なのでしょうか？　英語では，cactus と言います。その語源は

kaktos（ギリシャ語）で，kaktos はシシリア島のキク科のトゲの多い植物につけられた名前です。では，サボテンは？　どうやら日本でつくられた造語のようですね。

「畳に油がついたときに，これを切ってこすると，その油がきれいに取れたことから石鹸のシャボンというのが転じてサボテン」になったようです。でも，「仙人掌」や「覇王樹」「唐茄」といった言葉もサボテンを表すと聞いたことがあります。もう少し調べてみると，サボテンの特徴とともに私たちの暮らしとの関係も見えてきそうですね。

ブナとサボテン

〈参考文献〉

・神戸市教育委員会「ブナの保水力のひみつをさぐる」
http://www2.kobe-c.ed.jp/shizen/buna/experimt/keepwatr/index.html
・まなびジャパン「世界遺産　白神山地」
https://manabi-japan.jp/world-heritage/20180719_3743/
・地層科学研究所　やわらかサイエンス「『日本のブナ林』の話」
https://www.geolab.jp/science/2004/06/science-013.php
・トレンドピックアップ「サボテンにトゲがあるのはなぜ？」
https://santa001.com/

（松田　雅代）

栄養の貯め方は，「十植物十色」?!

どんな場面で使える？

植物の葉に日光が当たるとでんぷんがつくられ，葉から移動すると学習したときに，そのでんぷんが植物のどの部分に移動するのか考えるきっかけになります。

植物の栄養のつくり方

植物は動物と違い，他から栄養を取り入れるだけでなく，自ら栄養をつくり出しています。植物の栄養であるでんぷんをつくる働きを「光合成」と言います。水や二酸化炭素を使い，でんぷんや酸素をつくり出す働きがあります。

この葉でできたでんぷんは，どのようにして植物の体に運ばれるのでしょうか？

植物の栄養の運び方

植物の栄養であるでんぷんを光合成でつくりますが，他の部分に運ぶときには，別のものに変わって運ばれます。それは，スクロース（ショ糖）と呼ばれる糖の一種です。そのときに，師管という部分を通って運ばれます。人間で言うと血管のようなものです。人間は心臓をポンプのようにして，血液を全身に循環させています。植物は糖の濃度の濃さの違いを利用して，濃度が高い方から低い方へと移動する力を利用しています。これにより糖は，1時間に0.3～1.5m程度移動することができます（一般社団法人日本植物生理学会「みんなのひろば」）。

草の栄養の貯め方

栄養の貯める場所は「十人十色」いえ「十植物十色」と言えます。種子，根，茎，葉など様々です。植物には大きく草本類（草）と大本類（木）に分けられます。まずは，草について紹介します。

インゲンマメやアブラナ，ダイズなどは「種子」に栄養を貯めます。光合成でつくった養分を主に「でんぷん」として貯めるものとして，インゲンマメ，イネ，トウモロコシなどがあります。アブラナ，ゴマ，ラッカセイは「脂肪（油）」，ダイズ，コムギは「タンパク質」で貯めます。栄養を貯める場所が同じでも，貯め方が違います。

「根」に栄養を貯めるものとして何が思いつきますか？サツマイモ，ダイコン，ニンジンなどがあります。「あれ?!ジャガイモは？」と思った人はいませんか？　ジャガイモは「茎」に栄養を貯めています。サツマイモは根の部分が膨らんでいますが，ジャガイモは茎の部分が膨らんでいるのです。ジャガイモの他に，「茎」に栄養を貯めるものとしてサトイモ，タケ，クワイなどがあります。「葉」に栄養を貯めるものとして，ネギ，タマネギ，ニラなどがあります。栄養をどの部分に貯めているのかを調べることで，植物の体のつくりについても，より理解できそうですね。

木の栄養の貯め方

では，木はどこに栄養を貯めているのでしょうか？

木は枝についた芽から葉が出るまで光合成を行うことはできません。つまり，栄養をどこかに貯めておかなければなりません。では，どこに栄養を貯めているのかと言うと，全身に貯めています。

樹木の分類として，ある時期に葉を落とす落葉樹と１年中葉を落とさずついている常緑樹がありますが，それぞれ栄養の貯め方が異なります。

落葉樹は，落葉の時期には，葉ではなく幹や枝の柔細胞に栄養を貯えたりします。それらは次の春に芽を吹くための栄養となっています。

一方，常緑樹では，先ほどと違い１年中葉があるため，葉に栄養を貯めておくことができます。栄養が必要になれば，そのたびに葉から栄養を送ります。そして，一度栄養を送ると栄養が戻ってくることなく，栄養がなくなると，葉が落ちるという流れになります。したがって，１つの葉に注目して観察していると，大体数か月から２年で葉が落ちるようになっています。

必要な栄養は決まっている？

植物は栄養を体に蓄えますが，とりあえず何か栄養を与えたらよいというわけではなく，必要な栄養の量があるようです。ある栄養素ばかり多く与えてしまうと，それ以外の栄養素を吸収しにくくなり，結果として栄養が足りない状況になってしまいます。必要な栄養素は16種類挙げられます。これらは，「必須元素」と呼ばれます。例えば，窒素，リン，カリウムをはじめ，イオウ，カルシウム，マグネシウムなどがそうです。

〈参考文献〉

・一般社団法人日本植物生理学会　みんなのひろば「師管の物質輸送機構について」「木本類の栄養貯蔵はどこで行われるのでしょうか。」
https://jspp.org/hiroba/q_and_a/detail.html?id=277
https://jspp.org/hiroba/q_and_a/detail.html?id=690
・いちじくの志田ファーム「肥料成分　植物の栄養」
http://www2.tokai.or.jp/shida/FarmAssist/dojuosindan/hiryou-hataraki&kafusoku.htm

（平川　晃基）

自分で水を集める虫がいる？!

どんな場面で使える？

生物は，水を通して周囲の環境とかかわって生きていることを調べる中で，様々な生物の生きていくことの知恵と不思議さを知ることができます。

植物も動物も，水がなくては生きられません。では，ほとんど雨が降らない時期のある砂漠などの地では，植物も動物も生息していないのでしょうか？　いえいえ，逞しく生きていますよ。

自分で水を集めている虫？

アフリカのナミブ砂漠に生息している「ナミブ砂漠カブトムシ」という甲虫がいます。空気中の水蒸気を背中で集めて，そこから滴る水分を得て生きているそうです。

朝方，海霧が発生するのに合わせて，この甲虫は頭を低くしてお尻を高くし，逆立ちしたような体勢をとります。場所も探します。砂漠の表面の風紋の高くなった場所がよいそうです。そして，体表に付着した水滴を口に流して飲むのだそうです。

なるほど，その姿を想像してみてください。たっぷりすぎる水が流れてくる様子は，まさに生きていく知恵の勝利宣言のようにも思えます。

ナミブ砂漠カブトムシ

この「ナミブ砂漠カブトムシ」は，「キリアツメ属」と分類されますが，この霧を集める様子を受け，分類学者の中條道崇によって命名されたものだそうです（農林水産・食品産業技術振興協会）。また，ナミビア共和国の切手の絵柄にもなっています（ASAHI ネット）。生きるための習性を，人は尊重しているのでしょうね。

さて，この素晴らしい習性に着目したのが，人間です。空気中の水蒸気を集めて，水を得ようとしたのです。

水不足と言えば，井戸を掘ることが１つの方法です。しかし，岩盤に穴を開けるにはコストがかかり，環境にも影響を与えます。水を汲み上げるポンプの維持には，電源が必要です。そこで，環境にも悪影響を与えず，コストを抑えて，水を集められるのではないかと考えたのです。

砂漠で水をつくり出す？

この昆虫の仕組みをヒントに，何もないように見える場所から水をつくり出すという装置が開発されました。

先ほどのナミブ砂漠には，石造りのドームの代わりに網を使って大気中の水分を集める構造物が見られます。これは「Warka Watar」と呼ばれる塔で，飲料水を確保するために考案され，日々研究が続けられています。

からからに乾燥した広大な砂漠です。しかし，空気中には水蒸気が含まれていて，霧状になって漂っています。寒い朝に，ガラス窓に水滴がついているのを見たことがあるでしょう。その結露のような方法で水を集めます。

このアイデア自体は昔からあるものだそうです。例えば，ドーム状の石造りの構造物で空気に含まれる水蒸気を集め，「じょうご」に落として水をためていく装置です（WIRED）。

世界では，実に7億6,800万もの人に安全な飲み水が行き渡っていないとされています。また，ユニセフによると，毎日約3,800人の子どもたちが下痢による脱水症状で命を落としているということです（2010年11月のユニセフデータによる）。

空気中の水分を集めて水に変える技術は，世界の子どもたちを救うかもしれないのです。

未来につながる水

飲料水の話題は，より良い未来をつくるために国連が策定した，SDGs（持続可能な開発目標）の17個の目標のうちの目標6「安全な水とトイレを世界中に」に発展させていくことができます。実際に，実験してみたり調べてみたりするといいですね。水道の蛇口をひねれば水が出るのが，この国に住む私たちの日常です。

環境省が選定している名水百選は，地域住民による主体的かつ持続的な水環境の保全活動が行われていることも，選定されている理由なのです。雨や雪が多く，深い山を流れる川や地中から湧き出る水をそのまま飲むことができる場所もあります。人々の努力が未来につながっていきます。

〈参考文献〉

・公益社団法人農林水産・食品産業技術振興協会研究ジャーナル，26巻12号，2003
・ASAHIネット「ナミビアの昆虫切手」
http://www.asahi-net.or.jp/~CH2M-NITU/namibia.htm
・WIRED「空気中の水を集める竹の塔，エチオピアで実証試験へ」2015.1.14
https://wired.jp/2015/01/14/warkawater/
・日本ユニセフ協会「すべての子どもに，5歳の誕生日を。」
https://www.unicef.or.jp/special/10sum/5th_birth.html
・Think the Earth 編著『未来を変える目標SDGsアイデアブック』紀伊國屋書店，2018，pp.66-67

（松田　雅代）

植物の成長には日照時間が関係している?!

どんな場面で使える？

近年の研究や技術の発展が進む中で，様々な栽培が行われています。学習してきたことを，近年の栽培に生かされていることをつなげて考えることができます。

日照時間を利用して

「日照時間」ってわかりますね。

植物の場合，光が当たる時間ではなく，光が当たらない時間，つまり夜の時間がとても重要になるのです。光が当たらない時間の長さと花芽形成の間には一定の関係があり，暗闇が一定時間より短くなると花芽を形成する植物を「長日植物」と言います。長日植物には，アブラナ，カーネーション，ペチュニアなどが当てはまります。

また，暗闇が一定時間より長くなると花芽を形成する植物を「短日植物」と言います。その種類にはアサガオ，コスモス，キクなどが見られます。

暗闇の時間の長さに関係なく，花芽を形成する植物は「中日植物」と呼ばれます。中日植物としては，バラなどが該当します。

この性質をうまく利用すると，人工的に暗闇の時間を調節して植物を栽培することも可能です。短日植物であるキクは，人工的に光を当てて暗闇の時間を短くすることで，開花時期を遅らせる栽培がされています。「電照菊」と呼ばれ，電照栽培を行うことで，年間を通して安定した出荷が行われます。

電照菊の栽培・出荷のプロセスとして，８月上旬頃に照明を当てて，花芽を形成させないようにして，その後，９月から11月頃にかけて照明を当てずに通常通りに栽培をしていきます。消灯時期をずらしていけば，出荷は11月下旬から４月頃まで可能となります。

日本人が好むとされる菊は，こうした工夫によって提供されているのですね。

野菜の日照条件

野菜づくりに，日照は欠かせません。多くの野菜がある程度光が強い環境を好む野菜（陽性植物）ですが，強い光を好まず半日陰で栽培を欲する野菜（半陰性植物）もあります。また，１日のうちでわずかな時間だけ日が当たっても育つ野菜（陰性植物）もあります。

さて，ここで質問です。次の野菜の中で日当たりのよいところを好むもの（陽性植物）はどれでしょうか？

トマト　ネギ　ホウレンソウ　ミツバ　トウモロコシ
キャベツ　レタス　ピーマン　シュンギク　シソ

サツマイモ　キュウリ　サトイモ　ナス

正解は，トマト，トウモロコシ，キャベツ，ピーマン，サツマイモ，キュウリ，ナスですね。

では，残った野菜，ネギ，ホウレンソウ，ミツバ，レタス，シュンギク，シソ，サトイモのうちで，陰性植物の野菜はどれでしょうか？

正解は，ミツバとシソです。ちょっと難しいですね。

これらの野菜をよく見ると，小学校でよく育てているものは日当たりを好む陽性植物が多く，比較的育てやすいものなのでしょう。また，もちろん日照は温度と関係があり，日照量が多いときには気温が上昇し，地温も上昇します。これらの理由から，野菜にも栽培に適した季節や旬があるのです。

光の色を利用して

太陽の光ではなく，赤色の発光ダイオード（LED）を使った野菜工場もあるそうです。三菱ケミカルによれば，植物工場とは，「栽培の全部もしくは一部に機器を利用して内部環境などを制御する閉鎖的または半閉鎖的な空間での栽培通年での計画的な植物・野菜の栽培を可能にするシステム」とされています。つまり，植物工場は，完全閉鎖型と太陽光併用型に分かれていて，前者は太陽光を一切利用せず，栽培環境を整えていくシステムになっているということですね。

太陽光をまったく使わないなんてとても不思議な感じですが，いろんな食材としての野菜が次々と栽培されてきそうで，今後の開発・発展がとても楽しみですね。

近未来には，家庭菜園としてもできているかも…。

〈引用・参考文献〉

・ガーデンストーリー「植物ってどうやって季節の変化を見分けるの？【植物学基本講座】」
https://gardenstory.jp/stories/3176

・東山動植物園オフィシャルブログ「長日植物，短日植物，中日植物。わかりますか。」
http://www.higashiyama.city.nagoya.jp/blog/2020/05/post-4163.html

・環境研ミニ百科「第３号　年々歳々花相似たり　『植物はどうして開花時期を知るの？』」
http://www.ies.or.jp/publicity_j/mini_hyakka/03/mini03.html

・鹿児島県「秋輪ギク（電照）の年間作業体系（大隅地域）」
http://www.pref.kagoshima.jp/ao08/chiiki/osumi/sangyo/nougyou/gijutsu/autumn_wakiku_cultivation.html

・アタリヤ農園「野菜の日照条件」
http://www.atariya.net/kiso/nisho.htm

・三菱ケミカル「やさしくわかる植物工場」
https://www.m-chemical.co.jp/products/departments/mcc/agri-solutions/tech/1200506_7290.html

（坂田　紘子）

2011年以降，
井戸を設置する学校が増えている?!

どんな場面で使える？

住んでいる場所の地下にも地層があり，そこに水が流れていることを知る学習で使用できます。防災や環境保護の内容から，教科横断的に興味・関心を広げられます。

増えている学校の井戸

東日本大震災以降，井戸を設置する学校が増えているのを知っていますか？

岩手県大槌町では避難所になっている小学校の校庭に井戸を掘り，水を得ました。このように学校は，震災や台風などの自然災害の際は多くの人が避難します。それに対応する大量の水の備蓄は難しいため，井戸を設置するケースが増えているのです。兵庫県の伊丹市では，平成28年には，全小学校に井戸が設置されました（毎日新聞より）。現在は，小中高等学校に設置されています。

普段は，花壇の水やりや地域の防災訓練にも活用されており，子どもたちにも身近な存在となっているようです。

井戸の種類

井戸は大きく分けて２種類あり，そのうちの１つは「堀抜井戸」と言い，取水のために人が入れるほどの大きさの穴を掘り，桶などで汲み上げるタイプです。もう１つの「打抜井戸」は，細い穴を掘って，そこに水管用の鉄パイプなどを打ち込まれたものを指します。

自分たちの学校にも井戸を掘ることができるの？

条件さえ整えば，小学生でも井戸を掘り，水を得ることは可能です。

大阪教育大学附属平野小学校では，５年生が総合的な学習の時間に井戸掘りに取り組みました（平成20年度）。近くに大きな川が流れていることと，地下４ｍの深さに砂礫（されき）層があること，この２つの条件がそろったため，小学生でも井戸を掘ることができました。方法は約２ｍまでは掘り抜き井戸として人が通れる大きな穴を掘り，そこからの２ｍほどは打ち抜き井戸としてパイプで自作した道具を打ち込んで掘りました。完成後は水質検査でも安全な水と認められ，水やりや水遊びに活用されています。

自分たちで校庭に井戸を掘る様子

水が出るか確かめる方法は？

学校に井戸を掘る前に，その場所が水の出る条件に合っているかを確かめる方法を３つ紹介します。

①学校のボーリング調査のデータを調べる

「ボーリング」とは，地質・鉱床調査などのために，地中に細く深い穴を掘ることによって，そのデータを確認してその地点の地中の様子を調べる方法です。多くの学校では，このボーリング調査の結果が地質サンプルとともに保管されています。

「砂礫」と呼ばれる地質ならば，地下水脈があると言われています。事前にボーリングデータを確認することで，どのくらい井戸を掘れば水脈にあたるのか，大体予想することができます。４～６ｍほどでしたら，自分たちで掘れるかもしれません。

②市役所の下水道管理課で確認する

井戸掘りを行う地域を管理している役所の下水道管理課では，どの地域に井戸がたくさんあり，どのような使用用途で使われているのかを把握しています。周囲の設置状況を調べることで，その場所が井戸掘りをするのに適しているかの目安にすることができます。

③井戸掘り業者や近所の方に聞いてみる

地域の井戸掘り業者にお願いすることで，さらに詳しい情報が得られる可能性があります。また，近所で井戸を使用している場合は，井戸の深さや水質などを教えてもらうこともできます。

水の大切さを知る

東京消防庁では，首都直下型地震など大震災が巻き起こす火災に備えて都内に井戸を掘り進めています。約150mの深度の地下には豊富な水があり，震災時の消防水利として有効に活用することができるそうです。

「水の惑星」と呼ばれる地球上の水の多くは塩分を含む海水で，その割合は97％とほとんどを占めています。残り３％の淡水も，その多くが氷雪や地下水であり，人間が利用可能な淡水はたったの0.01％しかないのです。

そんな貴重な水資源として，井戸がこれからも学校で増えていくことは自然な流れと言えるかもしれませんね。

〈参考文献〉

・毎日新聞「防災井戸　伊丹市全小学校に　災害時のトイレ対策に」
https://mainichi.jp/articles/20170301/ddl/k28/100/415000c
・井戸掘りマニア「井戸の種類（掘り抜き，打ち込み，打ち抜き）と井戸掘り費用まとめ」
https://idohori.nagoya/ido-shurui/2/
・生活110番「一人でもできる！井戸堀りマニュアル！」
https://www.seikatsu110.jp/etc/ec_ido/5332/
・自分で出来る打ち抜き井戸の掘り方
http://marchan.server-shared.com/
・東京消防庁「目で見る震災対策」
https://www.tfd.metro.tokyo.lg.jp/hp-nisiarai/osirase/shinsai_taisaku.html

（稲井　雅大）

手指の感覚で「れき・砂・泥」を識別できる?!

どんな場面で使える?

私たちが日常生活の中で使っている「砂」は，地質学では「れき・砂・泥」に分けられます。粒の大きさをそろえることで，それぞれの違いが明確になります。

「れき・砂・泥」の違い

土地は，礫(れき)，砂，泥，火山灰などからできていて，層をつくって広がっています。また，層には，化石が含まれているものがあります。流れる水の働きでできた岩石として礫岩・砂岩・泥岩(でいがん)がありますが，実際に見たり，触ったりしてみると違いは明らかです。

（左から）礫岩・砂岩・泥岩

れき・砂・泥の違いは，簡単にまとめれば「粒の大きさ」の違いです。水の入った長いアクリルパイプに，「砂場の砂」を一気に入れると，粒の大きい（重い）順に下かられき・砂・泥の単層ができます。もう一度，砂場の砂を一気に入れるとさらに層が重なり，複層になります。

複層（下から，れき・砂・泥が３回分層になっている）

粒の大きいものが「れき」（粒径２㎜以上），小さいものが「泥」で，その中間が「砂」（粒径1/16㎜以下）です。地質学や地球科学では「れき・砂・泥」を砕屑物と言い，粒径の大きさを量的な基準で分けて分類しているそうです。

なお，泥はさらに細かく分類され，1/16㎜～1/256㎜をシルト，それ以下を粘土と言います（岩石学辞典）。学校にあるボーリング試料を見ると，「シルト」や「粘土」の記載があることがありますが，まとめて「泥」にすると捉えやすいと思います。

「粒度表」をつくってみよう

私たちが普段「土」や「砂」と言っているものは，様々な大きさの粒が混じり合っています。

粒の大きさの違いを明確にするためには，粒径の大きさをそろえ，その違いを比較する必要があります。そこで，「粒度表（粒の大きさものさし）」を作成することを提案します。まず，学校菜園の「土」あるいは校庭の走り幅跳び用の「砂場の砂」などを採取し，細目・中目・荒目など，目の大きさの違う園芸用ふるいにかけて，粒の大きさ別に分けます。粒の大きさ別に両面テープで貼り，貼りつけて「粒度表」を作成してみましょう。

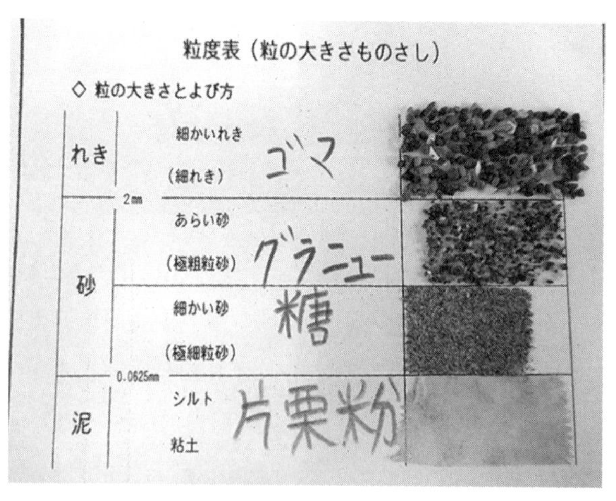

粒度表（粒の大きさものさし）

それぞれを身近な食材でたとえると，２㎜程度のれきはゴマ粒くらいの大きさ，砂はグラニュー糖の粒くらいの大きさ，泥は片栗粉よりも細かい大きさとなります。

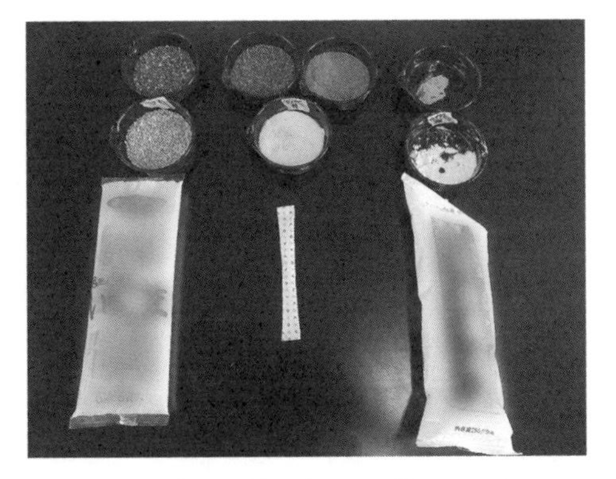

身近な食材の粒の大きさで比べてみた

実際にそれぞれの粒を指先で触ってみると，泥は細かくて，手触りはとてもなめらかです。指紋の隙間に泥の粒が入り込むほど細かくなっています。片栗粉を触ってみても同じような感覚を得ることができます。れきの大きさとほぼ同じゴマは給食でも登場する身近な食材。手先に「粒」を感じることができると思います。

手指の感覚も使って比べられると，違いがわかることにつながるのではないでしょうか？

〈参考文献〉
・鈴木淑夫『岩石学辞典』朝倉書店，2005
・宮澤尚『第６学年理科　大地のつくりと変化　学習指導案』大田区理科部研究紀要，2013，pp.18-31

（宮澤　　尚）

富士山はただの岩山じゃない？!

どんな場面で使える？

　地層の重なりを繰り返したり，長い年月をかけたりすると土地はどのような変化をし，どのような地形が誕生するのかということを１つの山から感じることができます。

富士山の誕生

　どこから見てもとても美しく，世界に誇れる山，富士山。

　その誕生の秘話は，今から200～300万年前に始まると言われています。それまでは，富士山周辺の地域は，海の下でした（まったく想像がつきませんが）。いくつかのプレートの境目に位置し，地下のたくさんのエネルギーを受けることができたため，火山として目覚めていったのです。

　富士山が高い理由は，実は，いくつかの火山が積み重なってできたからなのです。

　富士山ができる前に「愛鷹（あしたか）火山」と「小御岳（こみたけ）山」ができていて，その間に富士山の元になる「古富士火山」が生まれ，大きな噴火が繰り返されました。そのときに噴出した溶岩などは，周りの火山に堰き止められたりして，どんどん積もっていくことになり，小御岳火山の大部分を覆いながら，古富士火山は成長していきました。

やがて，１万年ほど前になると，古富士山の新しい噴火が始まり，古富士山にかぶさるようにして今の富士山である「新富士火山」となり高くなっていきました。つまり，噴火を繰り返し，溶岩や火山灰が積み重なって大きくなった「成層火山」なのです（富士山のすごいひみつ100，ふじのくに，Fujigoko.TV）。

ではここから，その噴火を繰り返してできた富士山にまつわる様々な地形を紹介していきます。

湧き出る「白糸の滝」と変化に富む「富士五湖」

高さ20m，幅150mの崖から，たくさんの細い水が流れ落ちている滝があります。ふつう，滝は川の途中にできますが，白糸の滝の上部に川はありません。

ここでは古富士火山の層とそれ以降にでき上がった層の境目の絶壁から大量の地下水が流れ出ているのです。まさに絶景ですね。

また，富士山の北側のふもとには，富士五湖と呼ばれる美しい湖があります。この５つの湖は，同時に誕生したのではありません。１万年ほどの月日をかけた分裂変化の後，山中湖，河口湖，本栖(もとす)湖，西湖，精進(しょうじ)湖ができました。

溶岩が流れ出てできた洞窟「氷穴・風穴」

富士山のふもとでたくさん見かける洞窟は，内部が１年中氷のとけない「氷穴」や，風が吹いている「風穴」と呼ばれるものがあります。

これは，流れてきた熱い溶岩が，表面だけ冷えて固まって中が流れ出たり（横穴式の洞窟），表面だけ固まって中にたまったガスや水蒸気が噴き出したり（縦穴式の洞窟）してできます。こうして，外側だけが残されて中に空洞ができました。

洞窟の中は，溶岩がゆっくり冷えて固まった形を見ることができます。生えている木が燃え，木の形のまま穴が残ったものもあります（溶岩樹型）。

溶岩の上にできた「青木ヶ原樹海」

青木ヶ原樹海は，本栖湖，精進湖，西湖をつなぐように広がるとても広い森林で，864年の貞観噴火のときに流れた溶岩の上にできたものです。

溶岩は土と違ってとても固いため，その上を耕して農業をすることや，岩石を切り開いて人が住むこともできません。つまり手つかずの大自然が広がっているのです。樹木は，溶岩が硬いので，根を地中にのばすことができず，岩にからみつきながら地面の上をうねるように伸びています。

樹海で道に迷う原因の１つとして「方位磁針がくるって使えない」と言われていますが，そんなことはありません。確かに溶岩が磁鉄鉱と呼ばれる磁気を帯びた岩の成分で，地面に置くと針の指す方向がおかしくなることもあるかもしれませんが，ほとんどの場所では正常に動きます。

ここでは，土地のつくりに関連してお話してきましたが，富士山にはまだまだ魅力も学びの種もたくさんです。植物，動物，気候，防災，景観，文化，歴史など，切り口は様々！　楽しみ方は頂上への登山だけではありませんので，ぜひ，現地で体感してみてください。

〈参考文献〉
・グループ・コロンブス編『富士山のすごいひみつ100』主婦と生活社，2013
・静岡県公式ホームページ　ふじのくに「富士山の誕生」
http://www.pref.shizuoka.jp/bunka/bk-223/fujisantanjou.html
・Fujigoko.TV「富士山大図鑑」
http://www.fujigoko.tv/mtfuji/index.html
・富士学会監修『富士山の大図鑑』PHP 研究所，2013
・鎌田浩毅編著『まるごと観察　富士山』誠文堂新光社，2013
・ふじのみやNAVI「白糸ノ滝（白糸の滝・音止の滝）」
https://fujinomiya.gr.jp/guide/170/

（坂田　紘子）

宇宙を感じることができる施設がある?!

どんな場面で使える？

　有人月面探査車や小型探査機の開発が進められています。書籍や映像を見るだけでなく，実際の場所に行って，感じて考えることはいかがでしょうか。

宇宙からの電波を受けているところってどこ？

　片道２年かかるという火星の有人探査，月面に持続可能な基地の建設，月周回軌道上に宇宙ステーション「ゲートウェイ」の建設などが計画されています。

　また，2020年12月に帰還した「はやぶさ２」のカプセルが小惑星「リュウグウ」から持ち帰ってくるものからどんなことがわかるのでしょうか？　人間は様々なことに挑戦しています。

　皆さんのこれからの時代には，宇宙がもっと身近なものになっているかもしれません。いえ，今でも身近に感じられるところがありますよ。

　JAXA（宇宙航空研究開発機構）によると，2019年12月16日午前４時40分から同６時43分にかけて，長野県佐久市で開発が進められている直径54mのアンテナが，はやぶさ

２から送られてくる「X帯」という電波信号を受信したと発表しています。

老朽化した臼田宇宙空間観測所の直径64mのアンテナの後継機として，美笹（みささ）深宇宙探査用地上局において，三菱電機株式会社が開発を続けています。

宇宙探査機から送られてくる微弱な信号波を，パラボラアンテナがキャッチします。

また，探査機を運用するための指令信号などをパラボラアンテナから送り出しています。

運がよければ，角度を制御するためにアンテナが回転する光景を間近で見ることができます。

直径64mのアンテナが動くさまは圧巻です。超遠距離にある探査機からの微弱な信号を受信するため，都市雑音などの妨害電波が少ない地域で運用がされています。

長野県佐久市臼田宇宙空間観測所

施設へ行ってみよう

この他にも，JAXA は様々な施設があります。JAXA のホームページには，見学の可能な施設が紹介されています。

日本最大のロケット発射場や様々な研究を行う宇宙科学研究の拠点，日本最大規模のスーパーコンピュータ，「風洞」をもつところなど，魅力的なところばかりです。

知りたいこと・見たいことに合わせて，見学に出かけてみてはいかがですか？

探してみよう

国際宇宙ステーション（ISS）という言葉を聞いたことがあるでしょうか？

ふわふわ浮きながら実験をしたり，シャボン玉をつくる実験を見せてくれたりといった様子を見たことのある人もいるでしょう。国際宇宙ステーション計画は，日本・アメリカ・ロシア・カナダ・ドイツ・フランス・イギリス・スイス・オランダ・ベルギー・ノルウェー・デンマーク・スウェーデン・イタリア・スペインの15か国が参加しています。

国際宇宙ステーションの中に，日本の実験施設「きぼう」があります。国際宇宙ステーションは，地上400kmの上空に建設された実験施設です。地球を１周90分，１日に16周しています。その国際宇宙ステーションを肉眼で見ることのできる「目視予想情報」が JAXA のホームページに掲載されています。探してみてはどうでしょうか？

次は，月への移住計画を計画してみた過去の６年生の取組です。これにより宇宙が身近になったようです。

みんなもチームに分かれて調べてみませんか？

○月に移住するためには何が必要か？（電気・水・食糧・火・酸素・二酸化炭素・窒素・住居・動物・植物　など）

住居チーム…家を建てる場所を考えるために

・月の表面の様子を調べる。月の海やクレーターを生かせないだろうか

・宇宙放射線から身を守る方法を調べる

・家を建てる材料はどうするか。月の砂（レゴリス）の構成物質を調べよう

電気チーム…発電と送電をどうするか

・太陽光パネルの耐熱性と月の地表温度を調べる

・月での昼夜を調べる

・どのように地球から運ぶか

水チーム

・水のつくり方を調べる

・国際宇宙ステーションの実際を調べる

→その他，チームごとに分かれて調べていく。

〈参考文献〉

・JAXA（宇宙航空研究開発機構）「美笹深宇宙探査用地上局におけるX帯電波の受信について」
http://www.isas.jaxa.jp/topics/002294.html

・ファン！ファン！JAXA！「施設一覧」
https://fanfun.jaxa.jp/visit/

・第49回全国小学校理科研究大会大阪大会学習指導案集（2016）大阪市立古市小学校

（松田　雅代）

起きている回数では月食が珍しいのに，日食の方が観測上珍しい？!

どんな場面で使える？

日食や月食という言葉は知っていても，どれくらいの説明ができるでしょうか。太陽・月・地球が一直線に並ぶ現象はどのように起こるかを考える場面で使えます。

日食が起こる仕組み

日食は，太陽・月・地球がこの順番に一直線に並ぶときに起こります。月が太陽の前を横切るために，月によって太陽が隠される現象です。太陽の隠され方によって，３種類に分類されます。

国立天文台によれば，「太陽の隠され方によって下記の３種類に分類されます」としています。

部分食：太陽の一部が月によって隠される。
皆既食：太陽の全てが月によって隠される。
金環食：太陽のほうが月より大きく見えるため，月のまわりから太陽がはみ出して見える。

※国立天文台ホームページより引用

地球と月の距離は一定ではなく，月の公転軌道は楕円形になっていて，太陽や地球などの重力を受けてわずかに変化します。そのため，地球に一番近づいたときは約35万6,400km，遠いときは約40万6,700kmと５万kmほどの差があり，地球から見たときの見かけ上の直径は約14％も違います。日食のときに月が大きいときは皆既食になり，小さいときは金環食になるというわけです。

月食が起こる仕組み

月食は，太陽・地球・月がこの順番に一直線に並ぶときに起こります。月は太陽の反対側にあるので，月の形は満月の日です。太陽から照らされた光が地球にあたり，地球の影が満月にかかることで月食が起こります。ただし，星空の中での太陽の通り道である黄道に対して，月の通り道である白道が約5.1°傾いているため，普段は，地球の影の南北に逸れたところを通り，月が満月になるたびに月食が起こるわけではありません。

地球の影には，濃い「本影」と本影を取り囲む薄い「半影」があります。

月食も「本影食」と「半影食」の２種類に分かれます。「本影食」は，月全体または一部分が本影に入っている状態を指します（前者：皆既食，後者：部分食）。一般に言う「月食」は，この「皆既食」を指しますね。「半影食」は，文字通り，月が半影に入った状態です。

さて，月食中の色に注目してみると，月のすべてが本影に入り込む皆既食中，真っ暗で黒くなっているわけではありません。赤銅色に見えるのです。

なぜかというと，太陽の光が地球の大気を通過するときに，青い光は拡散されてしまいますが，赤い光は，通過することができるからです。大気のレンズのような働きによって，通過してきた赤い光は本影の内側に入り込み，月面を照らすことになります。その結果，月が赤黒く見えるということになるのです。

しかし，皆既食中の月の色はいつも同じとは限りません。大気中の不純物に関係するのです。とても不思議ですね。

日食と月食どちらが珍しい？

日食と月食では，地球上で起こる可能性の範囲を考えると，日食が起こるエリアの方が大きくなります。しかし，ニュースなどで取り上げられるのは，月食の方が多いことがあります。それには，観測上の理由があるのです。

日食は，地球よりも小さな月の影になった部分でしか観測できないために，観測できるエリアはかなり限定的となります。それに対し，月食は満月が見えるエリアであればどこでも観測することができるのです。そのため，特定の地域で考えると，起きている回数では月食の方が珍しいが，観測できるのは日食の方が珍しいということになるのです。

これから日本で観測できる　日食　月食

2023年４月20日　　　部分日食　沖縄など

2030年６月１日　金環日食　北海道
　部分日食　全国
2031年５月21日　部分日食　沖縄方面
2021年５月26日　皆既月食
2021年11月19日　部分月食
2022年11月８日　皆既月食
2023年10月29日　部分月食
2025年３月14日　皆既月食
2025年９月８日　皆既月食
2026年３月３日　皆既月食
2028年７月７日　部分月食

日本でも地域により見られないことや，観測できる時刻が異なるので，日付が近づいたら，時刻を調べて天体ショーを楽しんでみてください。

〈引用・参考文献〉

・国立天文台「日食とは」「月食とは」「日食一覧」「月食一覧」
https://www.nao.ac.jp/astro/basic/solar-eclipse.html
https://www.nao.ac.jp/astro/basic/lunar-eclipse.html
https://www.nao.ac.jp/astro/basic/solar-eclipse-list.html
https://www.nao.ac.jp/astro/basic/lunar-eclipse-list.html
・名古屋市科学館「天文ニュース＞月が大きく見えるわけ _2019」「日本で見られる（見られた）日食一覧（1992～2042）」
http://www.ncsm.city.nagoya.jp/study/astro/astro_news/big_moon_2019.html
http://www.ncsm.city.nagoya.jp/study/astro/data/solar_e.html

（古池　秀行）

おわりに

いかがだったでしょうか。

全部を読み終えた後に，この文章を目にしておられるでしょうか。私の変な読書の癖からすれば，こういった書籍の場合，いくつかの項目をガッツリ読んだ後，「おわりに」と「はじめに」を読みます。そして，またいくつかの項目を読み続け，また「おわりに」などへ目を移します。それを何度か繰り返しながら，納得を取りつけていくことをしていきます。

そう言えば，読書後，ある程度時間を空けて，また読み直し，そのときに改めて「はじめに」と「おわりに」を吟味・賞味した経験があったことも思い出します。さらに思い出としての蛇足を言えば，小説を読むときと同じように，じっくりと１人で楽しむ時間の中に誘い込んで，「ほう」「ふ～む」「そうだったんだ」なんて，独り言を小さく言える環境で味わっていました。そして，時々，書籍そのものに落書き（思ったことや感じたこと，さらに疑問として浮かび上がったことなど）することも…。

さて，皆さんは，どのようにされて，今ここを読まれているでしょうか。ここに来られている方の多くは，必ず感想をおもちのようです。その読んだ後の感想は，その人なりの“雑談”理論が垣間見られるように思います。賛否にわたり「常温」とかけ離れた「沸騰」に近い意見もあるのではないでしょうか。

「そう！　超驚きだったね。きっと子どももびっくりするだろう。いいネタになったよ」

「今度，子どもに喋ってみる！」

「いやあ，あんな説明，どうかなぁ。正しいのかよくわからない」

「だったら，○○はどうなってんだ？！」

などなど。

しかし，こうした声を聞けば聞くほど，私自身，著者冥利に尽きる感じがして，小躍りしてしまいます。また，読者間での談義に花を咲かせていただければ，私たちにとって，このうえない喜びとなることに間違いないでしょう。

さて，今後本書の“雑談”を活用する予定がおありの場合は，次のようなチャレンジはどうでしょうか。

1　図式化してみる…わざわざ，そんなことをしなくてもとおっしゃる方もおられるかもしれません。でも，頭の中に入ってきたことと，頭の中に元々あったこととのつなぎ合わせを整理する意味で，読書中にヒットした言葉や映像などに対して，図形や線を使ったり，描画にまとめたりしてみてはいかがでしょうか。きっとさらなる意外な発見が見えてくるように思えます。

2　時間内と時間外で使う…本書で扱っている内容は，理科にかかわる雑談のネタであるだけに，理科の授業内で用いることは常套手段でしょう。しかし，他教科等の時間にも取り上げてみてはどうでしょう。例えば，国語科や社会科の時間の導入に，あるいは図画工作での制作時間の途中に。様々な刺激を子どもたちは受け止め，自分なりの効果を感じていくのではないかと思います。元々雑談は，教科枠にとらわれない教科を越境・横断した内容を取り上げているからです。

３　“雑談”をつくる…もう当たり前のことですが，先生の雑談が定着していけば，子どもたちも雑談を集めたり，つくったりすることも容易になってくると思います。教室に限らず，心地よい空間で，子どもたちと先生とでサークルになって雑談する時間を設定してみてはどうでしょう。あっという間に雑談の山ができたり，雑談の宝箱が生まれたりするように思います。そうなれば，本書のような“雑談”集を制作するのもそれほど難しいこともなくなるでしょう。ひょっとすると，本書以上のものができるかもしれません。そんな可能性も確かめてみたいものですね。

最後になりましたが，明治図書出版の赤木恭平様には，長時間の編集作業にもかかわらず，いつも丁寧なご対応をいただきました。執筆者を代表しまして，感謝申し上げます。また，執筆を引き受けていただいた皆様にも多大なご負担をおかけすることもしばしばございましたが，常に前向きに取り組んでくださいましたことに，心よりお礼申し上げます。ありがとうございました。

編著者　溝邊　和成

【編著者紹介】
溝邊　和成（みぞべ　かずしげ）
兵庫教育大学　教授
大学院連合学校教育学研究科（博士課程）大学院学校教育研究科（専門職学位課程）／学校教育学部
神戸大学大学院総合人間科学研究科博士後期課程修了，博士（学術）。兵庫県内公立小学校・神戸大学附属小学校教諭，広島大学大学院学校教育研究科講師，甲南女子大学人間科学部教授を経て，現職。専門は，小学校理科・生活科・総合学習の実践論・カリキュラム論。最近では，幼児の科学教育，世代間交流や異年齢集団教育，教師教育にも関心をもち，研究に取り組んでいる。

【執筆者紹介】（執筆順）
松田　雅代（大和大学教育学部　講師）
岩本　哲也（大阪府大阪市立味原小学校　指導教諭）
平川　晃基（大阪府大阪市立古市小学校　教諭）
田中　一磨（兵庫県明石市立林小学校　主幹教諭）
宮澤　　尚（東京都大田区立洗足池小学校　主幹教諭）
古池　秀行（愛知県名古屋市立高見小学校　教諭）
坂田　紘子（大阪府大阪市立東桃谷小学校　指導教諭）
稲井　雅大（大阪府大阪市立大江小学校　指導教諭）

〔本文イラスト〕池田廣太郎・岩本　哲也

授業をもっと面白くする！
小学校理科の雑談ネタ40　5・6年

2021年2月初版第1刷刊　©編著者　溝　邊　和　成
発行者　藤　原　光　政
発行所　明治図書出版株式会社
http://www.meijitosho.co.jp
（企画・校正）赤木恭平
〒114-0023　東京都北区滝野川7-46-1
振替00160-5-151318　電話03(5907)6701
ご注文窓口　電話03(5907)6668
＊検印省略　組版所　株　式　会　社　カ　シ　ヨ

Printed in Japan　ISBN978-4-18-288517-4

初任者に勇気を与える一冊。

教師の働き方研究会 編

教職1年目の働き方大全

心構え・準備
マナー・身だしなみ
話し方・言葉遣い
授業づくり
学級づくり
学校行事
子どもとのコミュニケーション
同僚とのコミュニケーション
保護者とのコミュニケーション
文書・メールの作成
タイムマネジメント
時短・効率化
ライフプラン
研修・研究
ストレスマネジメント

15テーマ
76項目の
実務と心得

初任者に
勇気を
与える一冊。

明治図書

教職1年目の働き方大全

初めて教壇に立つ前に必ず知っておきたいことを、先輩教師陣がまるごと伝授！　話し方・言葉遣い、文書・メールの作成など社会人に必要な基礎基本から、授業づくり、学級づくりなど教師としての必須スキルまで、教職１年目を乗り切るためのすべてを網羅しました。

教師の働き方研究会 編

●A5判・168頁　●2,000円+税
●図書番号 3310

Contents

●心構え・準備
●マナー・身だしなみ
●話し方・言葉遣い
●授業づくり
●学級づくり
●学校行事
●子どもとのコミュニケーション
●同僚とのコミュニケーション
●保護者とのコミュニケーション
●文書・メールの作成
●タイムマネジメント
●時短・効率化
●ライフプラン
●研修・研究
●ストレスマネジメント